縄文神社《じょうもんじんじゃ》

―首都圏篇―

―武藤郁子―

TOKYO
KANAGAWA
SAITAMA
CHIBA

はじめに

「縄文神社」とは、「縄文遺跡と神社が重なっている場所」です。数千年から一万年もの間、紆余曲折《うよきょくせつ》ありながらも、人々の「祈りの場所」であり続けているという、世界的に見ても珍しい貴重な場所――そんな神社を、私は敬意を込めて「縄文神社」と呼ぶことにしました。

縄文神社は、「今」と「縄文時代」をつないでくれる結節点《けっせつてん》でもあります。縄文神社に立って、頭の中で縄文と今を線でつないでみると、数千年という時間的奥行きが生まれます。すると身近で見慣れた風景でも、気づいていなかったことが見えてきて、不思議に溢《あふ》れた場所に変わるのです。歴史や文化が好きで、これまでいろいろ見てきたつもりでしたが、「新しい世界が広がった！」と興奮しました。やっぱり日本って深いなあ、面白いなあとワクワクして、元気になりました。

本書は、縄文神社ならではの特徴をご紹介するとともに、私が訪ね歩い

た首都圏エリアの中から、特におすすめしたい縄文神社をご紹介していま
す。ぜひ皆さんにも本書を手に取っていただき、〝縄文神社〟と出会い、
元気になっていただきたいと願っています。

二〇二一年四月

武藤郁子

目次

【東京】 74

【神奈川】 108

【千葉】 140

Part 1

縄文神社とは

縄文神社って
どんな場所？

縄文遺跡＋神社＝縄文神社！

〝縄文神社〟は、「縄文時代[1]の遺跡と、神社[2]が重なっている場所」のことです。しかし、縄文遺跡と神社に関係があるの？と不思議に思う人もいらっしゃるかもしれません。

実は私も、数年前まで結びつける発想はありませんでした。しかし、各地で神社に参拝していく中で、境内《けいだい》や周辺から縄文遺跡が出土している例が「かなりある」ことに気付き、はっとなりました。偶然にしては数が多すぎますし、共通する地形や雰囲気があるのです。私は、これは偶然ではなく、この場所に神社があることに、意味が

1：1万5000年前頃から、約1万2000年もの間続いた時代。詳しくは11ページ。

2：古くは「神のやしろ」「神のみや」と呼ばれていた。やしろは屋代で、神を祀《まつ》る建物を建てる「場所」、みやは御屋で、神を祀る「建物」を意味する。

あるのではないかと考えるようになりました。

縄文でも現代でも、人間の本質は変わらないと思います。人間は、喜びや悲しみの中で、「何かに祈り、願う」生きものです。長い年月の中で、時には断絶した期間もあったかもしれませんが、「祈りの場所」として、ずっと大切にされてきたのが、〝縄文神社〟という特別な場所なのではないかと、考えるようになったのです。

祈りたくなる聖なる場所

縄文時代から今に至るまで、祈る場所が変わらないというのは不思議ですよね。強制されたわけでもないのに、なぜでしょう。私はそこが、「祈りたくなる場所」だったからではないかと思います。

理屈ではなく、清々《すがすが》しい気持ちになる場所、元気になる場所。静粛な気持ちになって思わず手を合わせてしまう——祈りたくなる場所。そういう場所を、「聖地」と呼ぶのかもしれません。

世界中に「聖地」はありますが、その中でも縄文神社は、「縄文時代に祈りの場所だったところに、今も変わらず祈る場所がある」という点で、特別な個性があります。しかも、今行われている祈りの方法も、本質的には縄文時代からさほど変わっていないという点も、他の国ではなかなかみられない特徴です。

遺跡ではなく現役であること

随分前の話になりますが、ギリシャに行った時のこと。古代史好きなので、ギリシャ神話の舞台である神殿に行くのが長年の夢でした。前の晩には眠れなくなるほどワクワクして、神殿に赴《おもむ》きました。

地中海性気候の澄んだ青い空に、神殿の白い大理石の柱は、写真で見た通り本当に美しかった。でも、その場に立った瞬間に思ったのは「空《から》っぽだ」ということ。その神殿はあくまでも「遺跡」でした。文化財として美しく保全されているけれども、現役の〝祈りの場所〟ではないと感じたのです。それは何とも言えず寂しいものでした。

日本では、ここまで極まった体験はしたことがありませんが、お世話する人がいないのかな？と感じる神社もあります。また、私が訪れた縄文遺跡にも、抜群に縄文神社的ロケーションなのに、今は近くに神社や仏寺[3]がない場合もありました。きっと昔は、何かしらあったんじゃないかな……。そんなふうに思いながら、何となく頭を下げて、ご挨拶《あいさつ》したりして。

でも、だからこそ、今も祈りの場として現役であり続けている縄文神社はすごいのです。長い年月を経て消えてしまうほうが、むしろ自然なことかもしれないのに、それでも継続されてきた〝祈りの場所〟なんですから。

それには、日本が島国で他国に征服されなかったことや、気候変動や災害はあった

3：明治の神仏分離令で、神社と仏教の寺院とは分けられたが、それ以前は神仏が混然一体となって存在していた。両者とも日本人の信仰世界にとって欠かすことのできない大切なものだが、本書では神社を中心に紹介していく。

もののの、豊かな自然が維持されてきたことが関係しているでしょう。そんなラッキーも含めて、縄文神社は「聖地」としても、最強なのではないかと思っています。

縄文
スケール

ざっくり捉《とら》える日本列島の歴史

日本列島に人が暮らし始めたのは約3万5000年前（旧石器時代）。そして約1万5000年前から土器が作られるようになり、それから1万2000年あまりを「縄文時代」と呼びます。旧石器時代を除くと、縄文時代のボリューム感は圧倒的です。そのボリューム感をお伝えしたく、「縄文スケール」という表にしてみました。私たちが「日本史」の授業で学んだ時代と比べてみたら、縄文時代がいかに長い期間かが分かります。

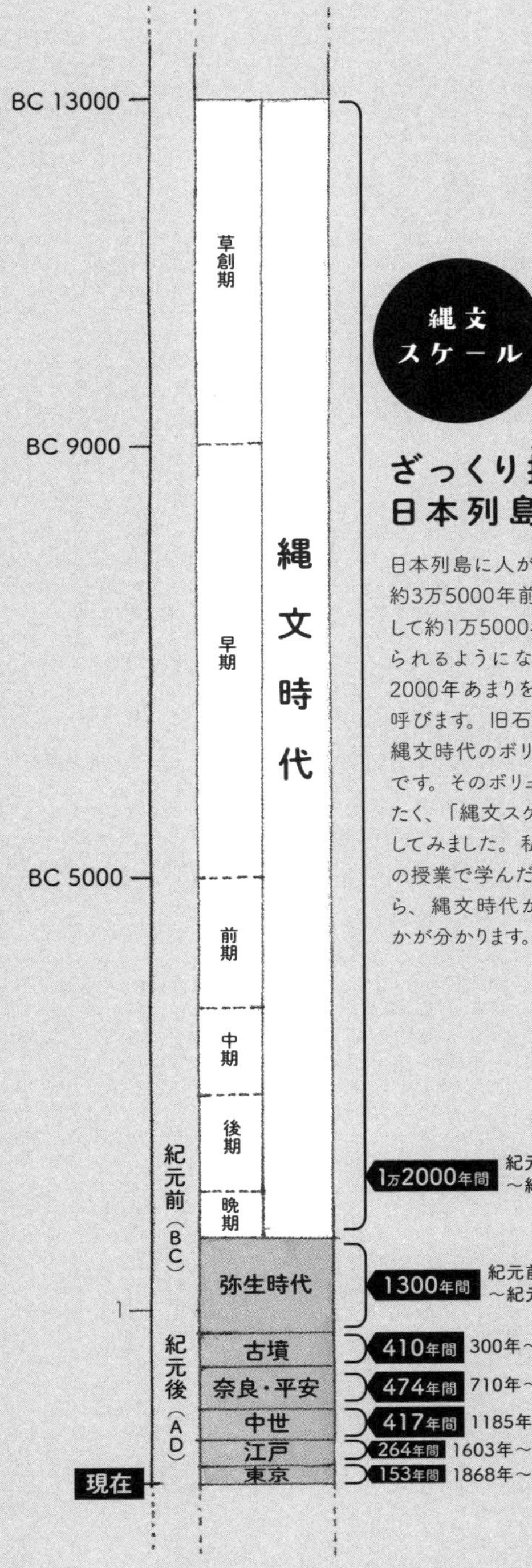

（『埼玉の考古学入門』などを元に作成）

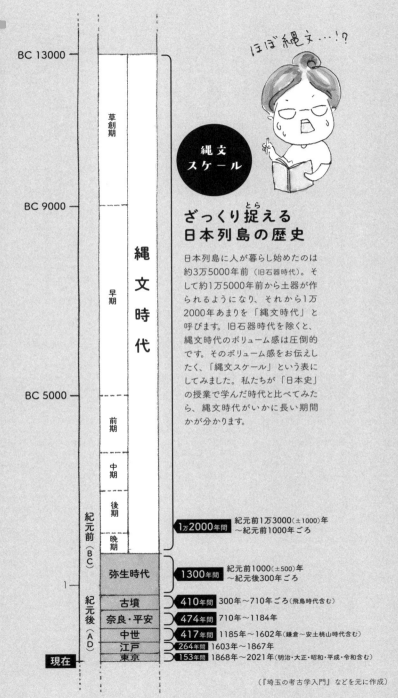

縄文神社の探し方

実は関東地方もすごかった！

これまで「縄文と言えば、東北と長野でしょう」と思って生きてきました。歴史の授業の影響もありましたが、縄文時代の本で登場する有名な遺跡や土偶《どぐう》や土器は、東北地方や長野県が中心ですから、それはそれで間違いではないと思います。

しかし、今回改めてリサーチしてみて、私は衝撃を受けました。確かに東北と長野はすごいのです。でも、関東もすごかった！

縄文時代の遺跡数と遺跡密度[4]も人口[5]も、関東が圧倒的多数だったんです。分母（遺跡数）が多ければ、縄文神社が存在する可能性は高くなるはず……と、私は地元の関東、特に首都圏から探し始めました。

まず初めに長い歴史のある神社と、縄文遺跡が重なっている場所をリストアップし

[4] 縄文遺跡数と遺跡密度

地方	東北	関東	北陸	中部山国	東海	近畿	中国	四国	九州
遺跡数	6542	10852	824	1257	2748	1235	1004	169	2932
遺跡密度	102.0	337.6	37.3	46.5	220.7	37.5	31.6	9.0	69.5

（論文「縄文遺跡の立地性向」枝村敏郎・熊谷樹一郎、表1：奈良文化財研究所収録地方別縄文遺跡数および遺跡密度（/1000km²）を元に作成）

ます。そして、自分が生まれ育った最も身近な埼玉県からスタートして、東京都、千葉県、神奈川県と訪ね歩きました。

これが縄文神社なロケーション

回数を重ねていくと、「縄文神社って、こういうロケーションにあるな！」ということがわかってきました。「ありそうなロケーション」は、次のような環境です。

①台地の上（河岸段丘《かがんだんきゅう》、海岸段丘など）
②湧水《ゆうすい》（水源）**があるポイント**（山麓《さんろく》や台地崖下など）
③水辺につき出した土地の先端（岬・崎）
④霊山の形が綺麗に見えるポイント

次に縄文時代の海進《かいしん》を推定した地図で、「ありそうなロケーション」の①と③を探して、そこに神社や縄文遺跡が存在しているかを確認してみました。すると、これがもうドンピシャ。資料上では探しきれなかった遺跡や神社を見つけることができました。もちろん現地に足を運んで、地元の資料館で確認すれば見つけることもできますが、地図を見て自分で予想できると、ものすごく嬉しい。まるで探検のようで、

5 縄文時代、弥生時代の人口

	早期	前期	中期	後期	晩期	弥生
東北	2,000	19,200	46,700	43,800	39,500	33,400
関東	**9,700**	**42,800**	**95,400**	**51,600**	**7,700**	**99,000**
北陸	400	4,200	24,600	15,700	5,100	20,700
中部	3,000	25,300	71,900	22,000	6,000	84,200
東海	2,200	5,000	13,200	7,600	6,600	55,300
近畿	300	1,700	2,800	4,400	2,100	108,300
中国	400	1,300	1,200	2,400	2,000	58,800
四国	200	400	200	2,700	500	30,100
九州	1,900	5,600	5,300	10,100	6,300	105,100
全国	20,100	1,055,500	261,300	160,300	75,800	594,900

（小山修三『縄文時代』中公新書を元に作成）

発見できた時の喜びは格別です。
今回は、まず初めに縄文時代の海岸線を意識したので、①と③の方法をメインに活用しましたが、内陸部では、②の湧水（水源）と④の霊山が見えるポイントを探す方法も、かなり有効でした。

縄文神社がありがちなロケーション

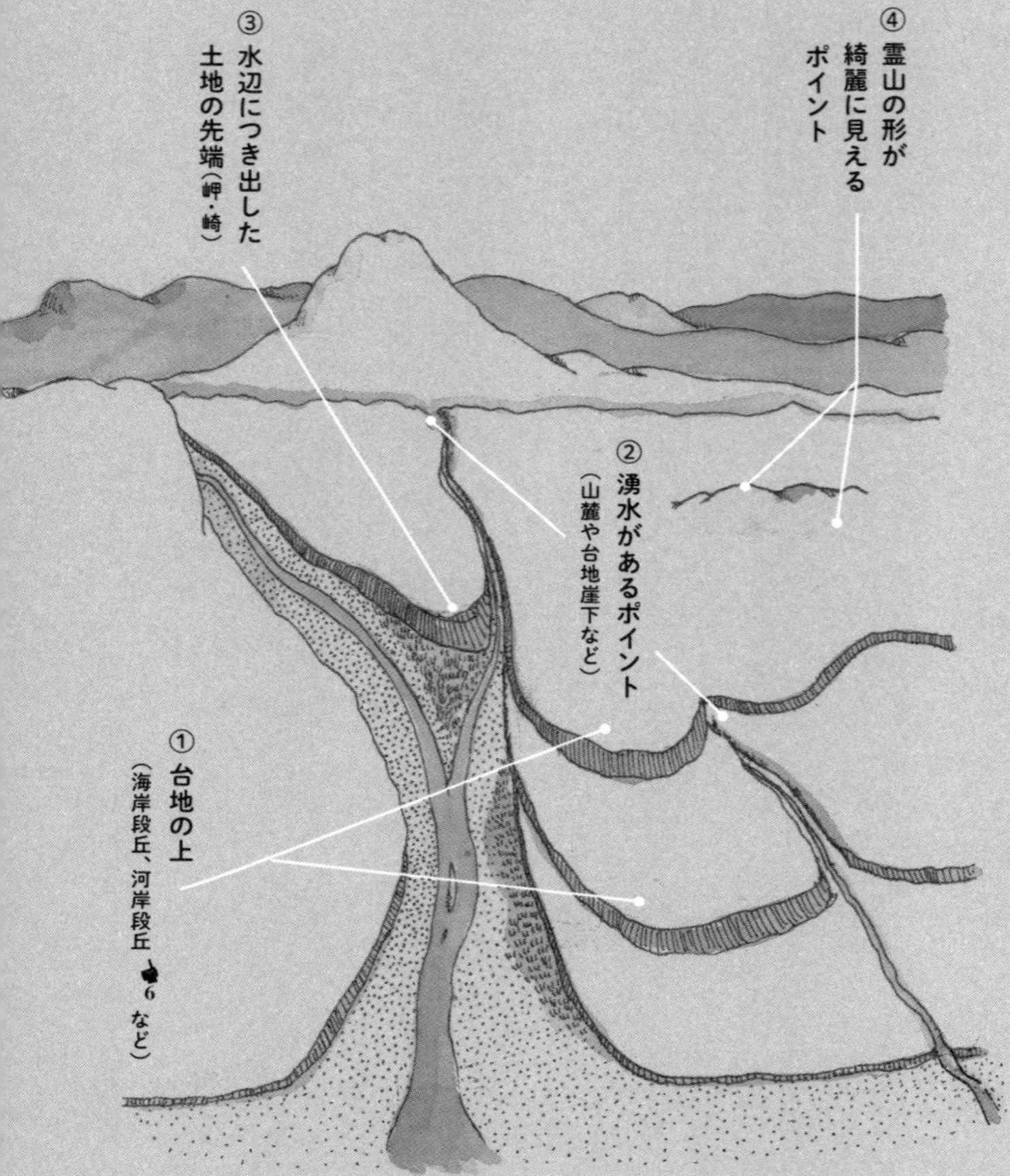

④ 霊山の形が綺麗に見えるポイント
③ 水辺につき出した土地の先端（岬・崎）
② 湧水があるポイント（山麓や台地崖下など）
① 台地の上（海岸段丘、河岸段丘☛6など）

☛6：水量の変化や、土地の隆起、河川（海水）の浸食で、古い河床《かしょう》が現在の河床より高い台地になっているもの。階段状の段丘を形成する。

縄文推定地図を見てみよう

さてここで、縄文推定地図（以下、縄文ＭＡＰ）を見てみましょう。

ご存じの方も多いと思いますが、縄文時代と今とでは、海岸線が違います。縄文神社は、縄文の人々がお祈りしていた場所。ということは、必然的に当時陸地だった場所になります。ですから、縄文時代の海岸線を意識することはとても大事です。

次ページの関東地方の縄文ＭＡＰは、最も海進《かいしん》☞7が進んだ七〇〇〇～六〇〇〇年前（縄文前期頃）の状況を推定したものです。この頃には、現在よりも海水面が上昇し、現在の渡良瀬遊水池《わたらせゆうすいち》のあたりまで海だったのです。現荒川《あらかわ》流域周辺は奥東京湾《おくとうきょうわん》、入間川《いるまがわ》流域は古入間湾《こいるまわん》で、現利根川《とねがわ》流域は、太平洋にまでつながる細長く大きな内湾（古鬼怒湾《こきぬわん》）でした。

このように、地球が温暖であるか、寒冷であるかによって、海岸線は大きく変化してきました。そして、その変化は今後も起こりえるのです。

この地図を見ると、縄文神社のある場所は、変化に強い場所だとおわかりいただけるでしょう。縄文神社にいると、私はとても安心した気持ちになるのですが、そのことと、この立地条件には、深い関わりがありそうです。

☞7：気候変動などで海水面が上昇し、陸地に海水が進入することを「海進」、海水面が下降し、海底が陸地化することを「海退《かいたい》」という。氷期《ひょうき》と間氷期《かんぴょうき》にそれぞれが繰り返されてきたが、約1万年前から始まった最終氷期後の海進は、日本では縄文時代に相当するため、「縄文海進」と呼ばれる。

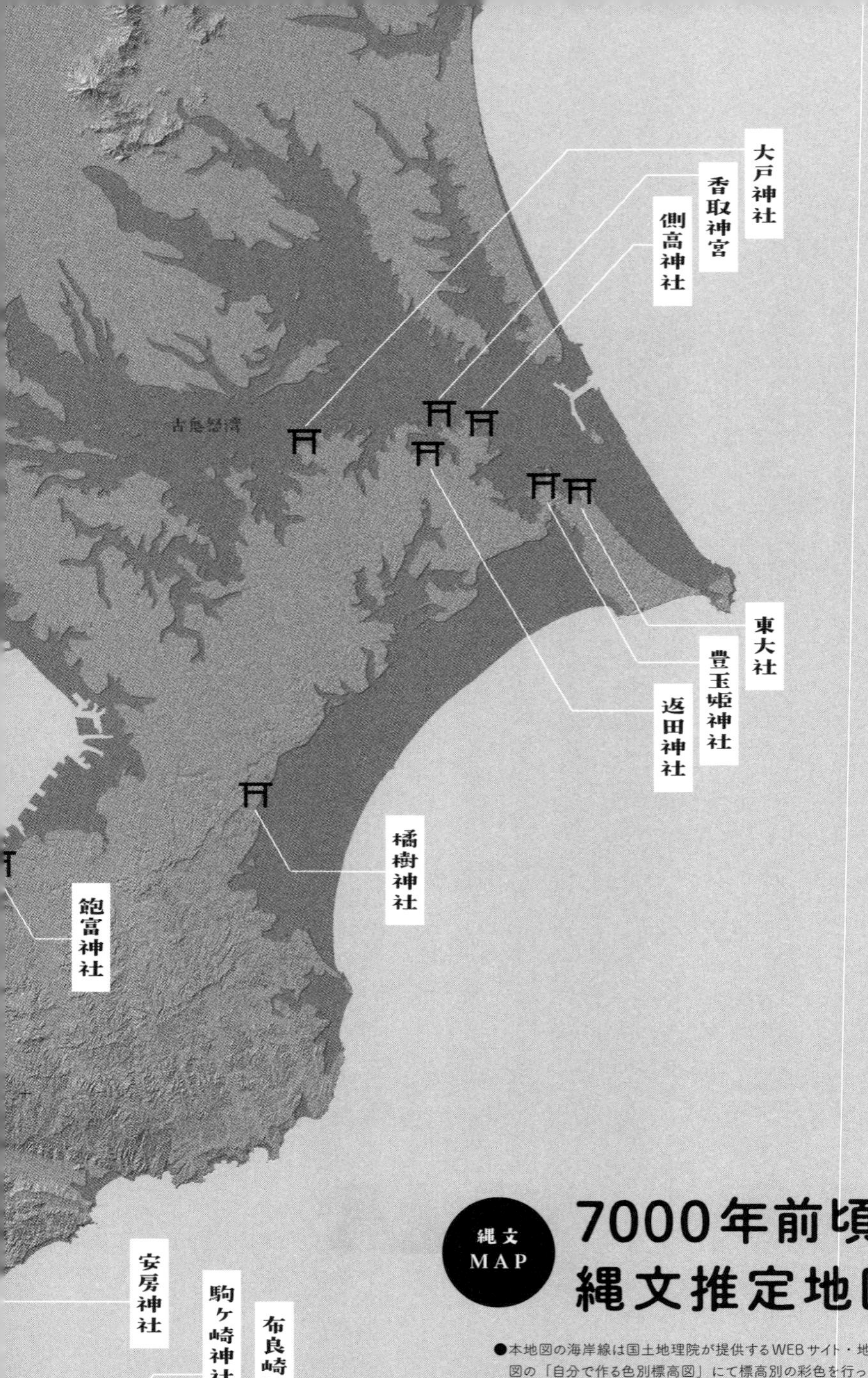

縄文MAP

7000年前頃の縄文推定地図

●本地図の海岸線は国土地理院が提供するWEBサイト・地理院地図の「自分で作る色別標高図」にて標高別の彩色を行った上で、遠藤邦彦『日本の沖積層 ―未来と過去を結ぶ最新の地層―』（冨山房インターナショナル）を参考に作成した。

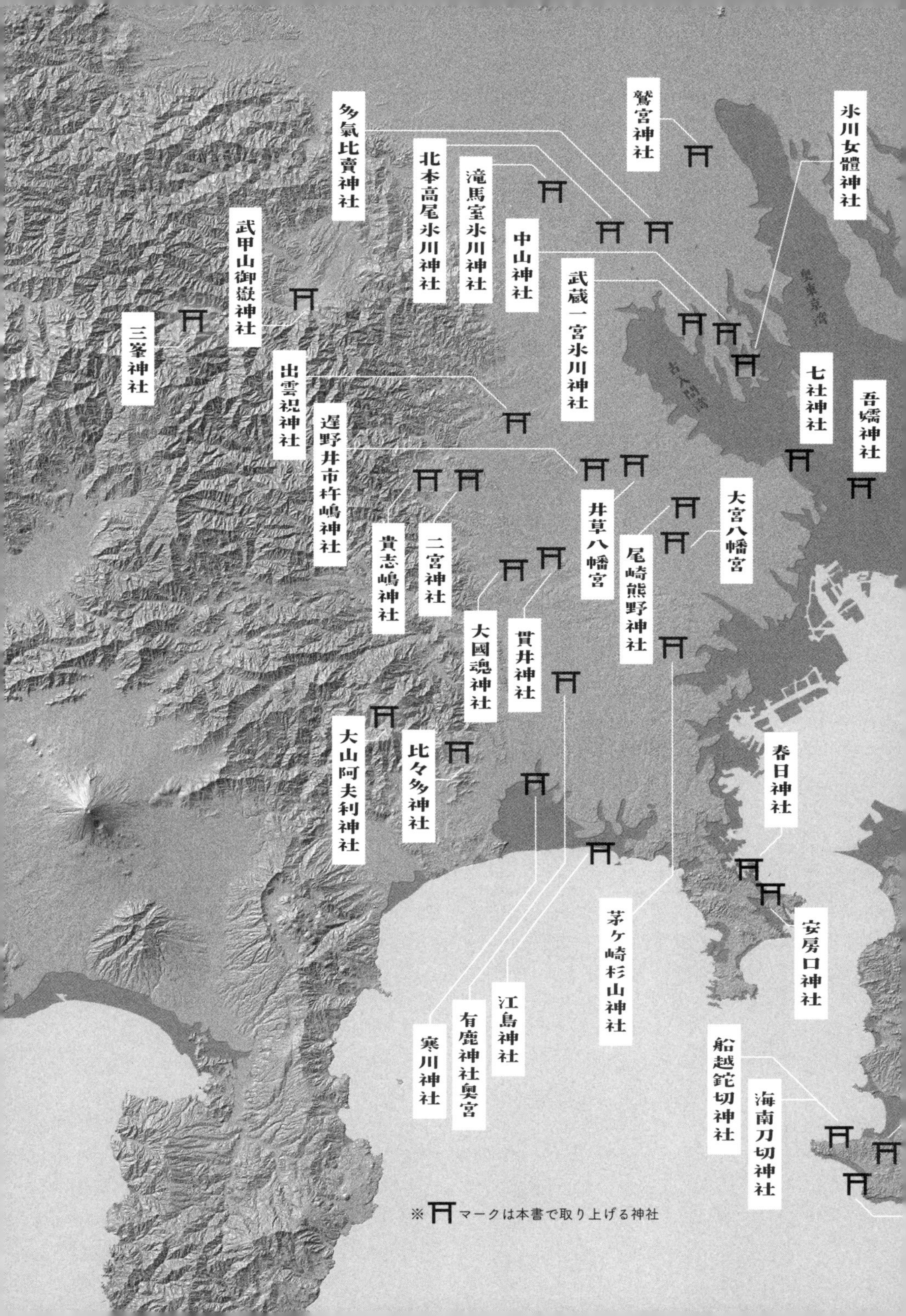
氷川女體神社
鷲宮神社
多氣比賣神社
北本高尾氷川神社
滝馬室氷川神社
中山神社
武蔵一宮氷川神社
武甲山御嶽神社
三峯神社
出雲祝神社
遅野井市杵嶋神社
奥東京湾
古入間湾
七社神社
吾嬬神社
井草八幡宮
大宮八幡宮
尾崎熊野神社
貴志嶋神社
二宮神社
大國魂神社
貫井神社
大山阿夫利神社
比々多神社
春日神社
茅ケ崎杉山神社
江島神社
有鹿神社奥宮
寒川神社
安房口神社
船越鉈切神社
海南刀切神社
※ マークは本書で取り上げる神社

縄文人の祈りと死生観

縄文の祈りと神社の祈り

縄文神社は、縄文時代からずっと、〝祈り〟という行為を通じて、各時代の人々がシンクロしている、稀有《けう》な場所です。

〝祈り〟はどんな時代においても、特定の信仰のあるなしにかかわらず、すべての人の心にあるものです。「喜び、感謝して」、祈る。「悲しみ、絶望して」、祈る。人間が「生きて死ぬ」存在である以上、必ず発生する行為でしょう。

縄文の人々は、石や山、水や木、すべてのものに霊魂が宿ると考えていました。このような世界観はアニミズム[8]と呼ばれ、宗教の起源と考えられていますが、日本では、今もこの世界観が現役です。「八百万《やおよろず》」というようにたくさんの神々がいて、

8：ラテン語のアニマ（気息、霊魂を意味する）を由来とする言葉。森羅万象《しんらばんしょう》に霊的存在を認め、信仰することを言う。

それをお祀《まつ》りしているのが「神社」です。時代によって神様の名前が変わったり、新しい神様が加わったりしますが、心を込めてお祀りし、お祈りするという行為は、ずっと変わりません。

「死」は生への始まり

すべてに霊魂が宿ると考えていた縄文の人々は、「死」についてはどう考えていたのでしょうか。当時の平均寿命は三〇歳くらいだったそうで、現在の感覚で言えば、かなり短命です[9]。「死」は、今以上に切実な問題だったはずです。

しかし、現代よりも切実なはずの縄文の「死」のほうが、明るい印象があります。現代の「死」は、忌《い》むべきものになってしまっていて、お墓は住空間の外、人目から離れた場所に造られますが、縄文時代はそうではありません。

縄文時代のお墓は、ムラの真ん中や、日当たりの良さそうな場所に造られました。「死」は悲しいことではあったでしょうけども、一方で新しい「生」を尊《とうと》ぶことにも通じますから、忌むべきものではなかったのでしょう。だから、死者の居場所は、いつもムラの全員が目にするような、良い場所にあったのです。「死」や「死者」は、怖いけれど近しい存在だったのでしょう。

そしてここで言う「死」と「死者」は人間だけではなく、貝や魚、イノシシといっ

9：縄文の成人年齢と推定される15歳以上の人々の余命で計算されたもの。寿命30歳は1967年に発表された研究による年齢で、新しい年齢推定方法ではもっと寿命が長かった可能性が示されており、その場合には約46歳と言う。

た動物、植物すべてに当てはまるものでした。「貝塚《かいづか》」という遺跡は、貝殻をまとめて捨てた場所で、ゴミ捨て場であると思っている人も多いと思いますが、実は違うようなのです。

多くの貝塚からは、食料にしていた貝や魚や獣の遺物のほかに、土器や石器、漁具といった生活用具、土偶や石棒《せきぼう》といった祭祀具《さいしぐ》、耳飾りや漆塗《うるしぬり》の櫛《くし》といった装身具、さらには人骨や大切に飼われていたことがわかる犬やイノシシの骨も、丁寧に葬《ほうむ》られた状態で出土しています。

貴重な装身具や霊力が籠《こ》もった祭祀具、大切な家族の遺体を、貝塚に入れたということは、貝塚は単なる「ゴミ捨て場」ではないですよね。「送り場」――この世で役割を終えたものすべてを、あの世に送る神聖な場所だったのでしょう。

生物も無生物も関係なく、すべてのものに霊魂が宿る。そして霊魂は、あの世とこの世を循環している。それが縄文の人々の世界観であり、死生観だった。すべてが世界の一部分であり、つながっているのです。

八百万の神々への祭祀を通して、神社にはこの世界観が継承されています。縄文神社の場合、このようなコンセプト（世界観）の継承に加えて、一万年から数千年の間〝祈りの場所〟であり続けているという要素も加わってくるわけですから、最強ですよ。

縄文神社で、〝祈り〟という行為を通じて、縄文の人々とシンクロしてみましょう。

妄想力《もうそうりょく》も必要ですが、本書でご紹介する縄文神社には、そのための環境が十分に整っています。

クルミ塚

様々なものを送った縄文の人々。送り場も、貝塚だけでなく「クルミ塚」や「土器塚」も発見されています。埼玉県北本市で発見された環状大集落遺跡・デーノタメ遺跡（縄文中期～後期）では、六カ所でクルミ塚が確認されました。その中には全国でも珍しいクルミ型土製品も出土しています。これは祭祀具で、クルミをたくさん収穫できるように、神に捧げられたものと推定されます。

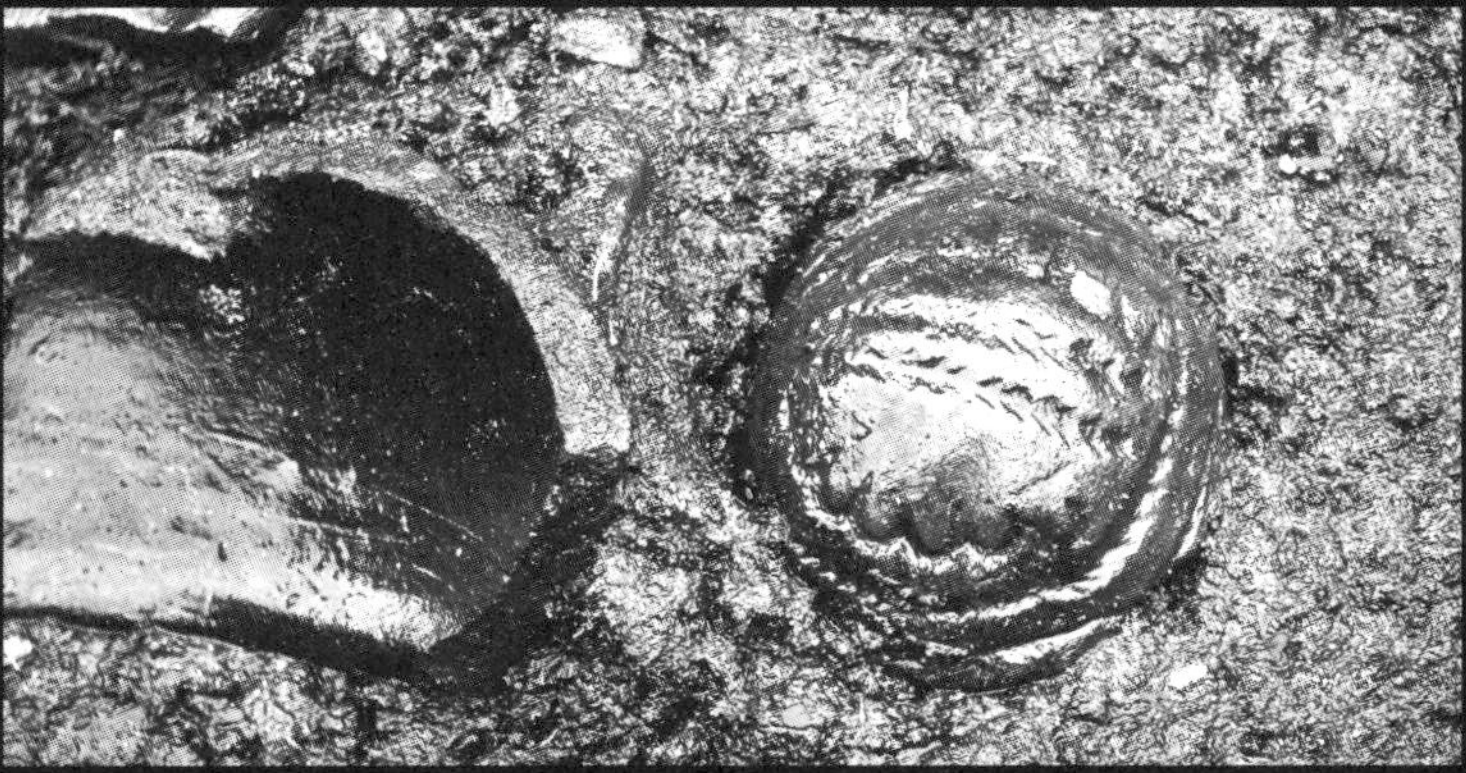

（写真提供＝北本市教育委員会）

縄文の神――人々が祈りを捧げたもの

縄文の人々はあらゆるものに祈りを捧げました。おおらかな縄文の人々は、神を種類別に考えるようなことはしなかったと思いますが、本項では、仮に信仰対象として特徴的なものに分類して、ご紹介したいと思います。

水の神

〝水の神〟とは、より限定的に言えば水源、「湧水」にまつわる神だと思います。水生命を維持するために不可欠ですから、水が大切なのは当然ですが、特に「湧水」であることがポイント。川も同じく「水」ですが、安定した供給と煮沸《しゃふつ》せずに飲める「湧水」のほうが、より特別です。

湧水は、大地からダイレクトににじみ出

なぜか顔面把手の
部分だけが
出土することが多い
（詳細は76ページ）

顔面把手（部分）
比々多《ひびた》神社境内遺跡（神奈川県伊勢原市）出土。
（三之宮郷土博物館蔵）

てくるものです。水が湧《わ》き出る光景は、耳にも目にも清らかで、特別な感動があります。その様子は直感的イメージとしても、「生命を育《はぐく》む源」「大地の恵み」と捉えられていたのではないでしょうか。

縄文中期の関東では、土偶と深鉢《ふかばち》形土器を合体させたような「顔面《がんめん》把手《とって》付《つき》土器」が大流行しました。この土器にある顔は、蛇の女神をあらわすという説があります。蛇神は水神ともされますから、生命の女神＝水の女神の顔なのかもしれません。

顔面把手付土器

縄文土器は世界でも最古級の土器で、特殊な発展を遂げました。長い時の中で変化し続け、場所・時代ごとに特徴的なデザインがあります。最盛期とされるのが縄文中期で、顔面把手付土器は中期を代表する祭祀器です。甲信地方から埼玉県、東京都、神奈川県を中心に制作され、煮炊きした痕跡があり、祭儀の時に神に捧げる食物など、特別なものを煮たと推測されています。

ほぼ完全形で
出土したこちらは、
とても貴重

顔面把手付深鉢形土器
中原《なかはら》遺跡（東京都八王子市）出土。
（八王子市郷土資料館蔵）

顔面把手（部分）
二宮森腰《にのみやもりこし》遺跡（東京都あきる野市）出土。
（二宮考古館蔵）

大地の神

ここで言う〝大地〟とは、土・土地のことで、森羅万象《しんらばんしょう》を生み育む母なる存在です。現在でも地鎮祭《じちんさい》を行ったり、地域の鎮《ちん》守《じゅ》さんを「産土神《うぶすながみ》」と呼んだりしますが、そのような感性は、縄文時代も変わらなかったのではないでしょうか。地主神《じぬしがみ》への信仰もまた篤《あつ》いものがあったと思います。

縄文時代に「土」ときたら、縄文土器を

ミミズク土偶
後谷《うしろや》遺跡（埼玉県桶川市）出土。
（桶川市歴史民俗資料館蔵）

全身が赤漆《うるし》で塗装されていて、とても華やか

襟元の表現が可愛い、ほんわか土偶
（詳細は56ページ）

土偶
宮岡氷川《みやおかひかわ》神社前遺跡（埼玉県北本市）出土。
（北本市教育委員会保管）

連想しますよね。土器は「土」と「火」によって出来上がる容器で実用的な道具です。しかし縄文の人々は、使い勝手よりも、デザインを優先する土器をたくさん制作しています。それは、道具として使いにくくなったとしても、どうしても表現したいものがあったということです。

その表現したかったものとは、神の姿そのものだったのではないでしょうか。土から発散されるパワーをそのまま形にしようとしたために、実用性は後回しになったとしたら、縄文土器の非実用的なデザインにも合点《がてん》がいきます。そしてその方向性の最たるものが、「土偶」だったのではないかと思います。

土偶

土偶は縄文草創期に出現して、時とともに多彩に変化しました。その姿から「女性を象徴した神像」「縄文の人々がイメージした精霊像」であるなど諸説あり、多くが割れた状態で出土し、故意に壊したとする説と、自然に壊れたものを埋葬したとする説とがあります。

斜め上を
見上げる顔、腕や足を
表現せずに
筒形なのが特徴

筒形土偶
原出口《はらでぐち》遺跡（神奈川県横浜市）出土。
（横浜市歴史博物館蔵）

最初期の土偶で、
顔と足を
もともと作らない
トルソータイプ

バイオリン形土偶
小室上台《こむろうえだい》遺跡（千葉県船橋市）出土。
（飛ノ台《とびのだい》史跡公園博物館蔵）

火の神

「火」は体を温め、灯《あか》りとなり、様々なものを清め、加工・変容させてくれる力です。焚火《たきび》を見るとホッとしますが、あの感覚は、火に対する安心感が心の奥底にあるからでしょう。同時に、「扱いを間違えたら恐ろしいことになる」という畏《おそ》れが湧き上がってくるのも、生きものの感覚として正しいように思います。縄文の人々も同じように感じていたのではないでしょうか。

火の「ヒ」という音は、多くの事象を意味します。例えば、太陽も「ヒ《日》」、氷も「ヒ《氷》」で、同じ「ヒ」ですね。他に「光」や「霊」も、古くは「ヒ」でした。要する

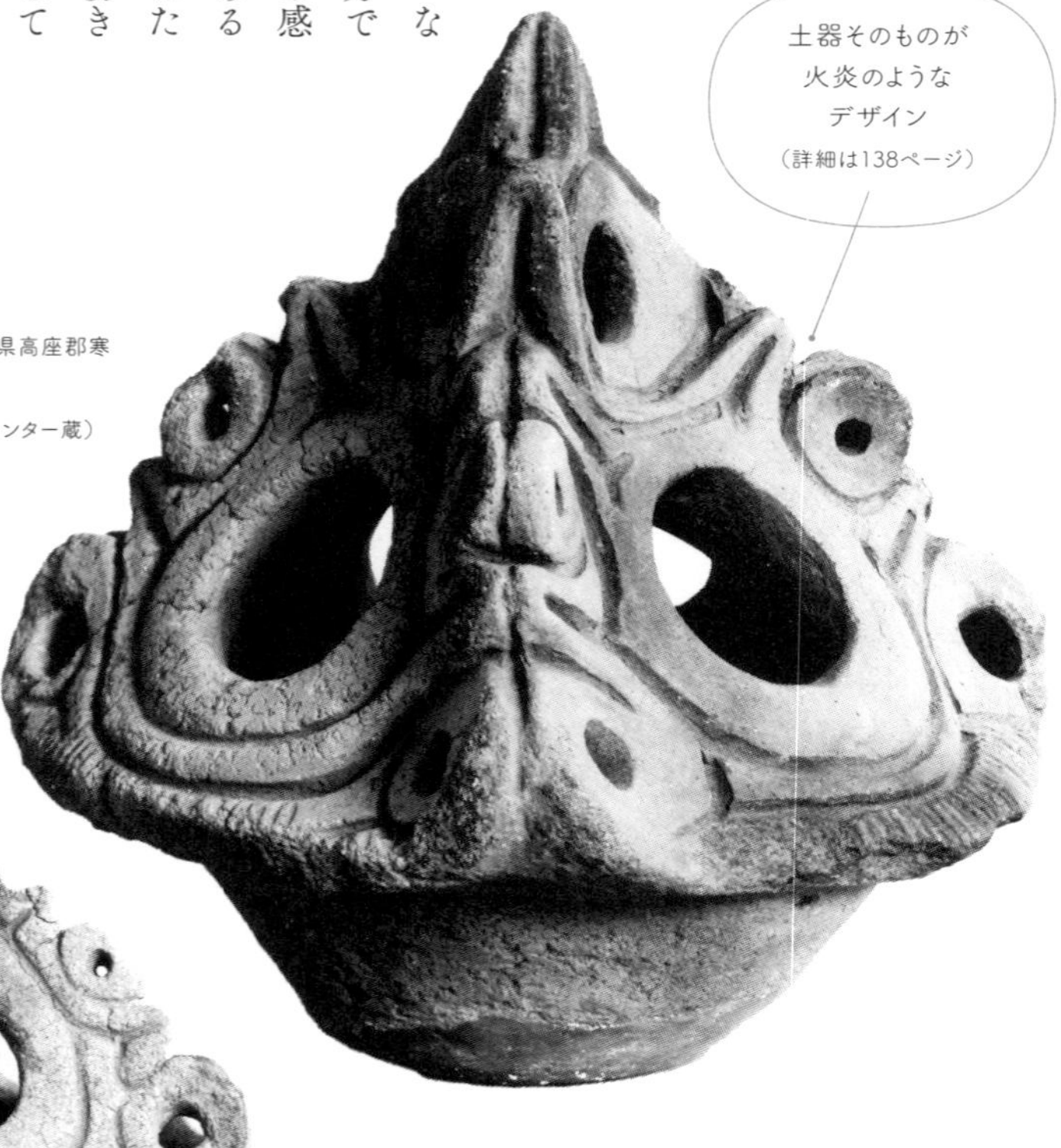
土器そのものが
火炎のような
デザイン
（詳細は138ページ）

釣手土器
岡田《おかだ》遺跡（神奈川県高座郡寒川町）出土。
（寒川町文化財学習センター蔵）

に、光源や熱量に関わることを「ヒ」と呼んだのかもしれません。さらに「ヒ」とは、人間にはコントロールしがたい力のあるものを意味したような気がします。

そして火は、縄文土器を作る時に、必要なパワーでもありました。火は、粘土を焼き固め、成形した形を変化しないものにしてくれます。つまり土器は、大地と火の力が交わった結果、生み出されたものでもあります。大地と火の恵みそのものということですよね。そう考えると、縄文土器が神の姿をあらわすものだと考えるのは納得できますし、非実用的なデザインになるのは、当然の流れなのかもしれません。

釣《つり》手《て》土器

浅鉢に釣手をつけ、釣り下げられるように作られている土器で、縄文中期に関東から中部地方を中心に制作されました。内部で火を燃やした跡があるので、照明具あるいは香炉のような祭祀器だったと考えられています。石棒や石柱（立石）とセットで出土することが多いようです。

釣手土器

大久根《おおくね》遺跡（神奈川県厚木市）出土。

（あつぎ郷土博物館蔵）

釣手の上部分に
お皿のような
部分が…

井草八幡宮《いぐさはちまんぐう》の
御神宝
（詳細は95ページ）

顔面把手付釣手形土器

井荻3丁目（現在地：東京都杉並区善福寺1、2丁目および西荻4丁目付近）出土。

（井草八幡宮文華殿蔵）

石の神

「石の神」というと、巨石や奇岩のような自然石への信仰を想像するのではないでしょうか。こうした信仰は、今も継承されていますね。巨石が御神体という神社も多くあります。しかし縄文時代を見てみると、ちょっと違う。自然石というよりも、加工した石への信仰なのです。現在なら信仰の対象になりそうな巨石の前でも、祭祀を行った形跡はほとんど確認されていません。

石への信仰についても、よくよくひも解いてみると、岩石そのものというよりは、「神を降ろす依《よ》り代《しろ》になる」ので岩石を信仰する、ということのようなのです。

初めてこれを知った時、「この石自体が神様ってわけじゃないの??」と、衝撃を

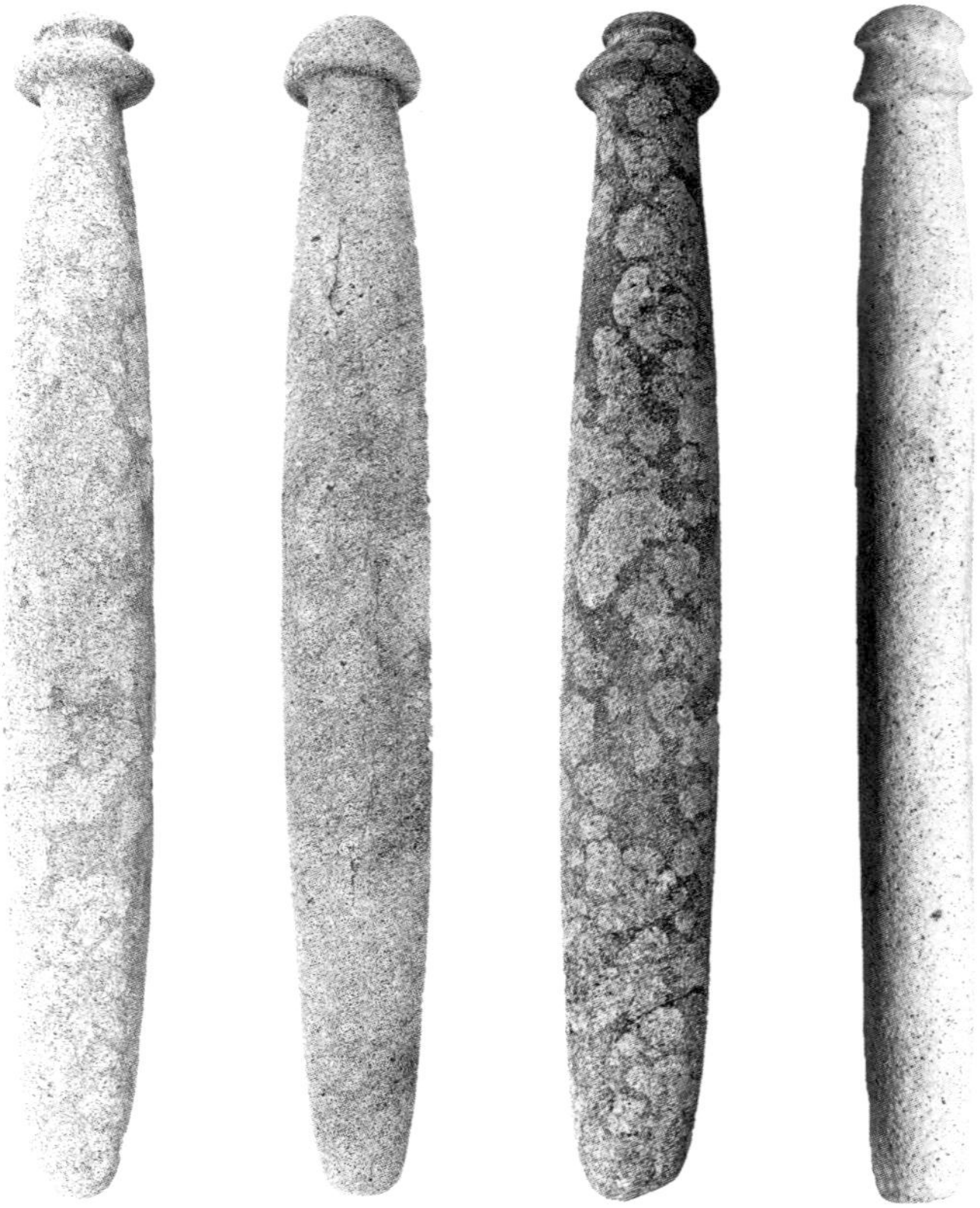

最長112.5センチもある
巨大な石棒。
ほぼ完形で、
4本並んだ状態で
出土し、注目を集めた

大形石棒（4本）
緑川東《みどりかわひがし》遺跡（東京都国立市）
出土。
（くにたち郷土文化館蔵）

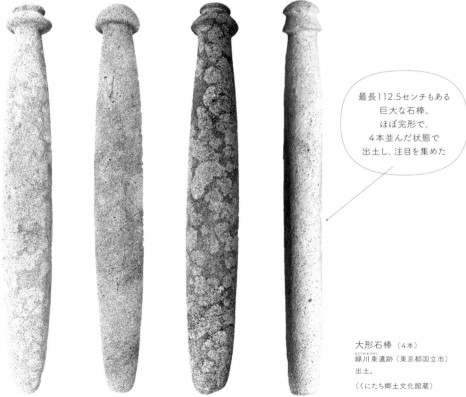

受けましたが、神（精霊）とは、降りてくるものなのです。すると「石の神」は「石に降りて、宿る神」と言うほうが正解かもしれません。ではこの「宿る神」とは、一体どんな存在なのでしょうか。

水や木の神のような自然神であれば、実体がありますから、他のものに宿らなくてもいいでしょう。しかし宿るもの（依り代）が必要ということは、実体がなく霊魂のような存在だと考えられます。つまり「宿る神」とは、霊魂＝先祖の霊（祖霊神）だったのではないでしょうか。

石棒

縄文中期以降に登場する石製の祭祀具で、立てたり、火にくべられたり、横にして水に浸《つ》けたりと、時代や場所によって様々な使用法があり、欠損したり折れている状態で発見されることが多いようです。時に依り代、時に神への奉納品として使用されたのでしょう。縄文由来と考えられている神に、「ミシャグチ（ジ）」や「石神《しゃくじん》」と呼ばれる神がありますが、この神々に関わるお社に、石棒などが祀られていることがあります。

緑川東遺跡の大形石棒出土遺構（写真提供＝国立市教育委員会）

木の神

木は遺物として残りにくいため、わかりづらいのですが、「木」への信仰もあったはずです。まず考えられるのは、水源を保全してくれる存在としての信仰です。

湧水の側にあった巨木が枯れたと思ったら、湧水も涸《か》れてしまった……といった話は、現在でも聞きますが、このようなことは縄文時代にも起こったのではないかと思います。すると、木は水の神（水源）を守護する存在で、必要不可欠なありがたいものだと考えたはずです。

そして、強い日差しや雨風をやわらげる木陰《こかげ》を作ってくれたり、生活に必要な木材や、食用となる果実を与えてくれるありがたい存在として、木そのものも神として大切にされただろうと思います。神（精霊）が降りる依り代としての信仰もあったでしょう。

多氣比賣《たけひめ》神社の大椎の木（埼玉県桶川市）
詳しくは71ページ。

現在でも神社には社叢《しゃそう》や御神木《ごしんぼく》がつきもので、「御神体＋樹木」という要素構成です。この構成は、縄文も今も変わらないのではないでしょうか。

縄文の遺物にその証拠を確認しづらくても、日本人の中から湧き上がってくる樹木への親愛の気持ちはとても強いものです。その源泉は、日本列島に棲む生きものとしての根幹に根差すものではないかと思うのです。

山の神

縄文の人々は住む場所を決める時に多くの場合、「美しい円錐形の山」や、ゴツゴツしていたり尖《とが》っていたりする「特徴のある山」が見える場所を選びました。縄文ロケーション（13ページ）でもご紹介したように、特別な山《霊山》を、ムラの風景に取り込み、山とムラを霊的につなげるのです。

なぜ、そのような山を選んだかと言えば、シンプルに美しいものを崇敬《すうけい》したということもあったかもしれませんが、太陽信仰との関わりが指摘されています。縄文の人々は、日の出・日の入りの際に、太陽が山頂に乗るように見える場所を選んでいたようなのです。縄文の祭祀遺跡として有名なス

有鹿《あるか》神社奥宮の水源（神奈川県相模原市）
詳しくは126ページ。

トーンサークル（環状列石）や、祭場に柱を立てる立柱祭祀などは、霊山とムラを積極的につなげるための配置、装置だったのかもしれません。

山への信仰スタイルには、遥拝《ようはい》と登拝《とはい》がありますが、縄文時代にその両方の方法が出現していたと考えられます。普段は、霊山にムラから遥拝しながら、特別な時だけ登拝していたのではないかと思います。登拝は、ダイレクトに霊山とつながる方法でした。ただ登山は危険ですから、すべての人ができるわけではなく、限られた人が登拝する形だったでしょう。

アニミズム的な見方をベースとすると、縄文の人々は、山を生きものとして捉えていたはずです。山と山が親子やきょうだい、夫婦だという設定があったり、仲が悪くて喧嘩《けんか》をする……なんていう物語があるように、生きものとしての性格を持つ山の神のイメージです。

そして霊魂（祖霊）が集まる場所というイメージもありました。「人が死んだら魂が山に還《かえ》り、山頂や磐座《いわくら》から昇天し、またその磐座に降り下って神となり、子孫を守護する……」といった霊魂観です。ひょっとしたら祖霊が還ってきやすいようにと、霊山が見えやすい位置を選んで、ムラを作った可能性もあります。前述した石棒は、山の神（霊山）や祖霊神とムラとを霊的につなぐ呪具《じゅぐ》でもあったのかもしれません。

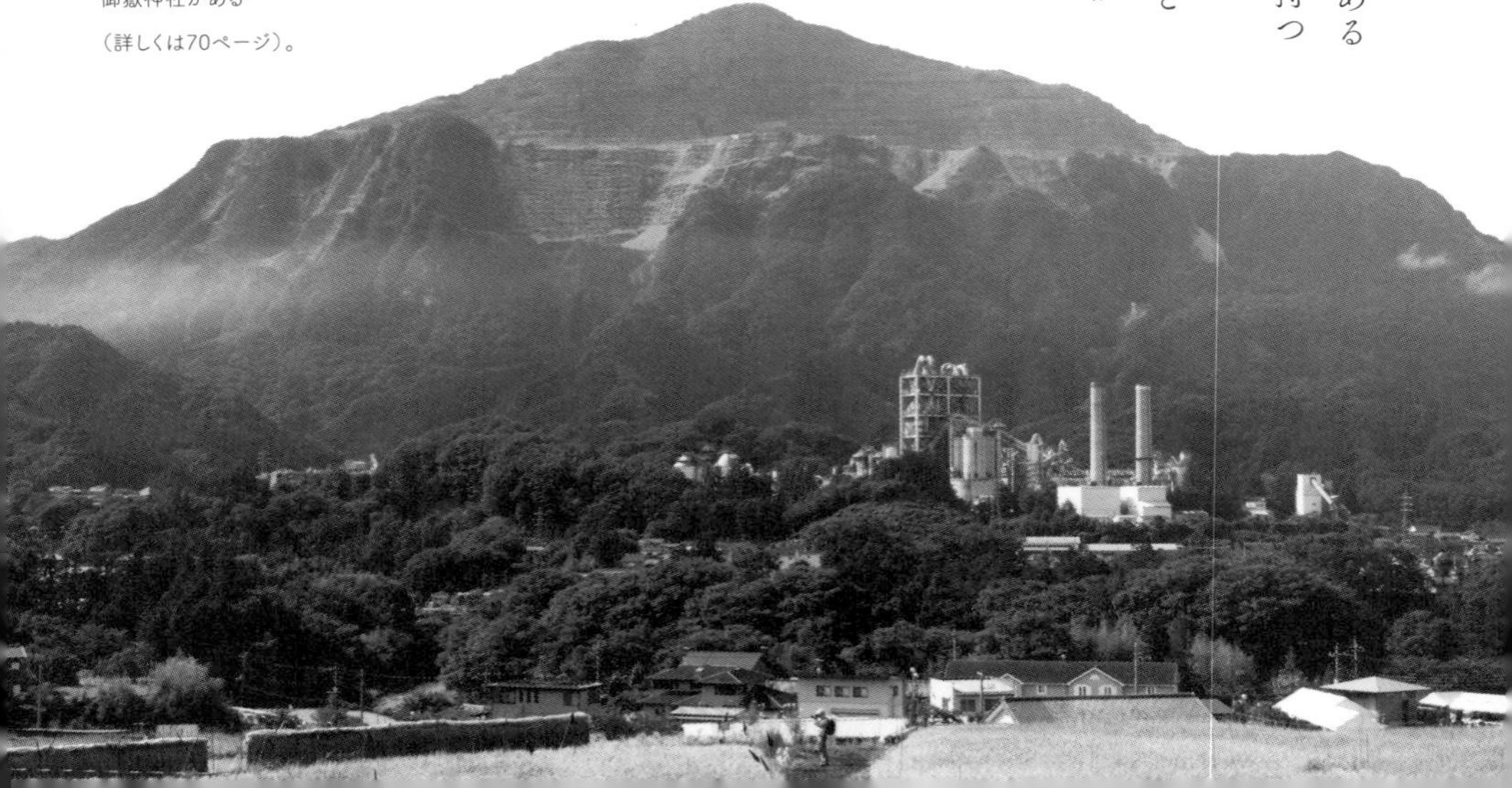

武甲山《ぶこうざん》（埼玉県秩父《ちちぶ》地方）
山頂に日本武尊《やまとたけるのみこと》を祀る武甲山御嶽《みたけ》神社がある
（詳しくは70ページ）。

Part 2

首都圏の縄文神社

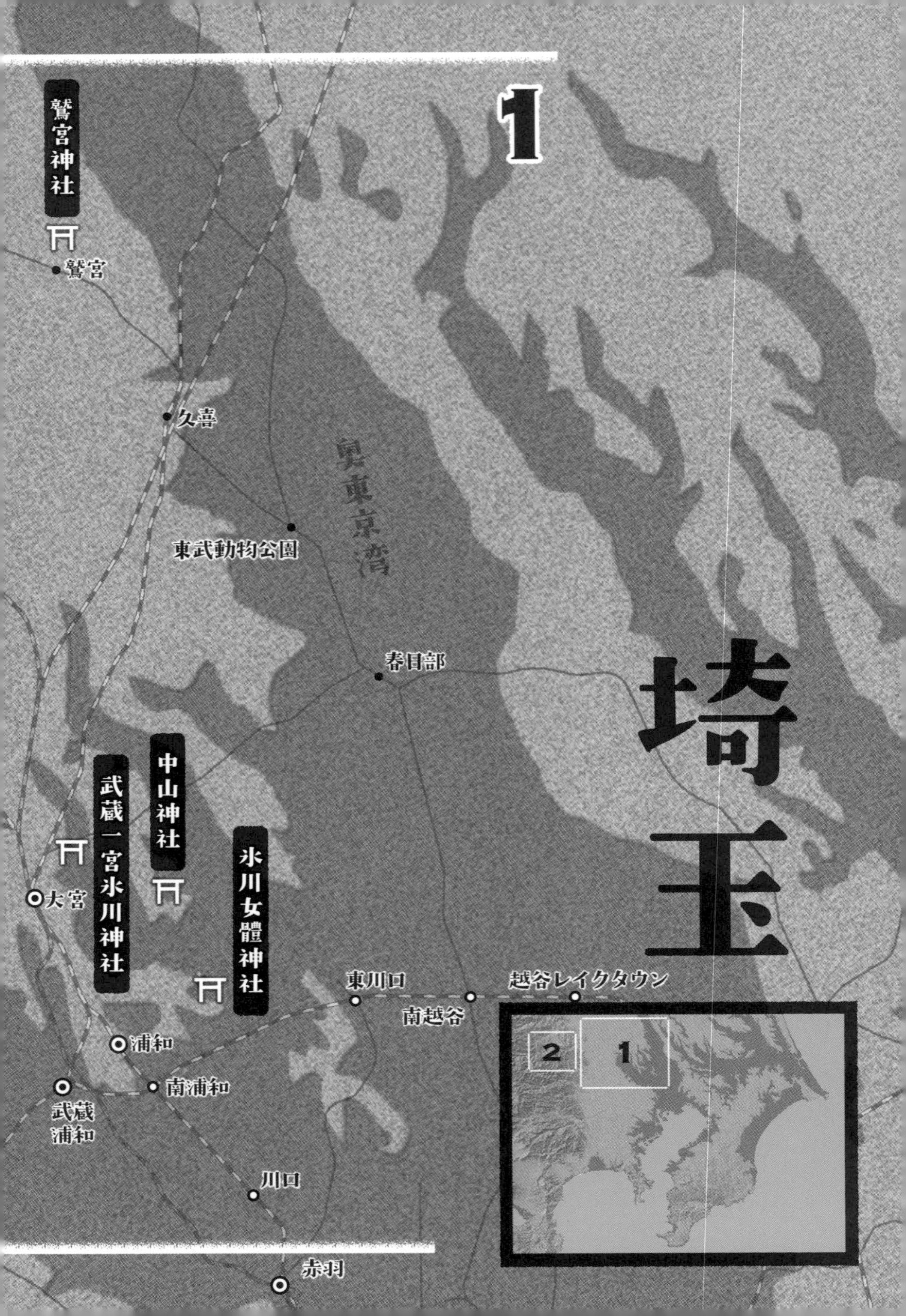
1
埼玉
鷲宮神社
鷲宮
久喜
奥東京湾
東武動物公園
春日部
中山神社
武蔵一宮氷川神社
氷川女體神社
大宮
東川口
南越谷
越谷レイクタウン
浦和
南浦和
武蔵浦和
川口
赤羽
2
1

2
秩父
三峰口
武甲山御嶽神社
三峯神社
鴻巣
滝馬室氷川神社
多氣比賣神社
北本
北本高尾氷川神社
桶川
上尾
越生
古入間湾
川越
高麗川
飯能
入間市
出雲祝神社
朝霞台
東所沢

武蔵一宮氷川神社《むさしいちのみやひかわじんじゃ》

さいたま市

関東を代表する名社も縄文神社だった！

氷川神社は武蔵国[1]の一宮[2]であり、名神大社《みょうじんたいしゃ》[3]で、名実ともに武蔵国第一の名社です。有名な神社ですから、本書で最初に登場するのも当たり前と感じる人もいるかもしれません。しかし、私はそう思っていませんでした。

実は取材を始めた時、「縄文神社」は「知る人ぞ知るすごい神社」を指す言葉になるだろうと予想していたのです。対して武蔵一宮氷川神社（以下、氷川神社）は、むしろ「みんなが知っているすごい神社」ですから、イメージが真逆です。

「氷川神社」は、埼玉県や東京都、神奈川県に約二八〇も鎮座しているため、関東地方南部の人にとっては、馴染《なじ》みのある神社でもあります。本項で紹介する氷川神社はそんな氷川神社グループの元締めであり、全国から多くの人が訪れる場所。もちろん、長い歴史があるのはわかっていましたが、その華やかさから、弥生《やよい》以降の印象が強く、「縄文」とはイメージが重ならなかったのです。

1：現在の東京都、埼玉県、神奈川県東部。

2：平安時代からみられる社格の一つ。古い神社や地元民に篤《あつ》く信仰される神社にだんだんと階級が生じ、上位の神社が一宮とされ、優先的地位を公認されるに至ったようだ。

3：創建年代も古く霊験《れいげん》が顕著だとして朝廷から特別待遇を受けた神社。延喜式《えんぎしき》には全国で224社が挙げられている。

かつての女体社の社殿。
現在は大己貴命を祀る

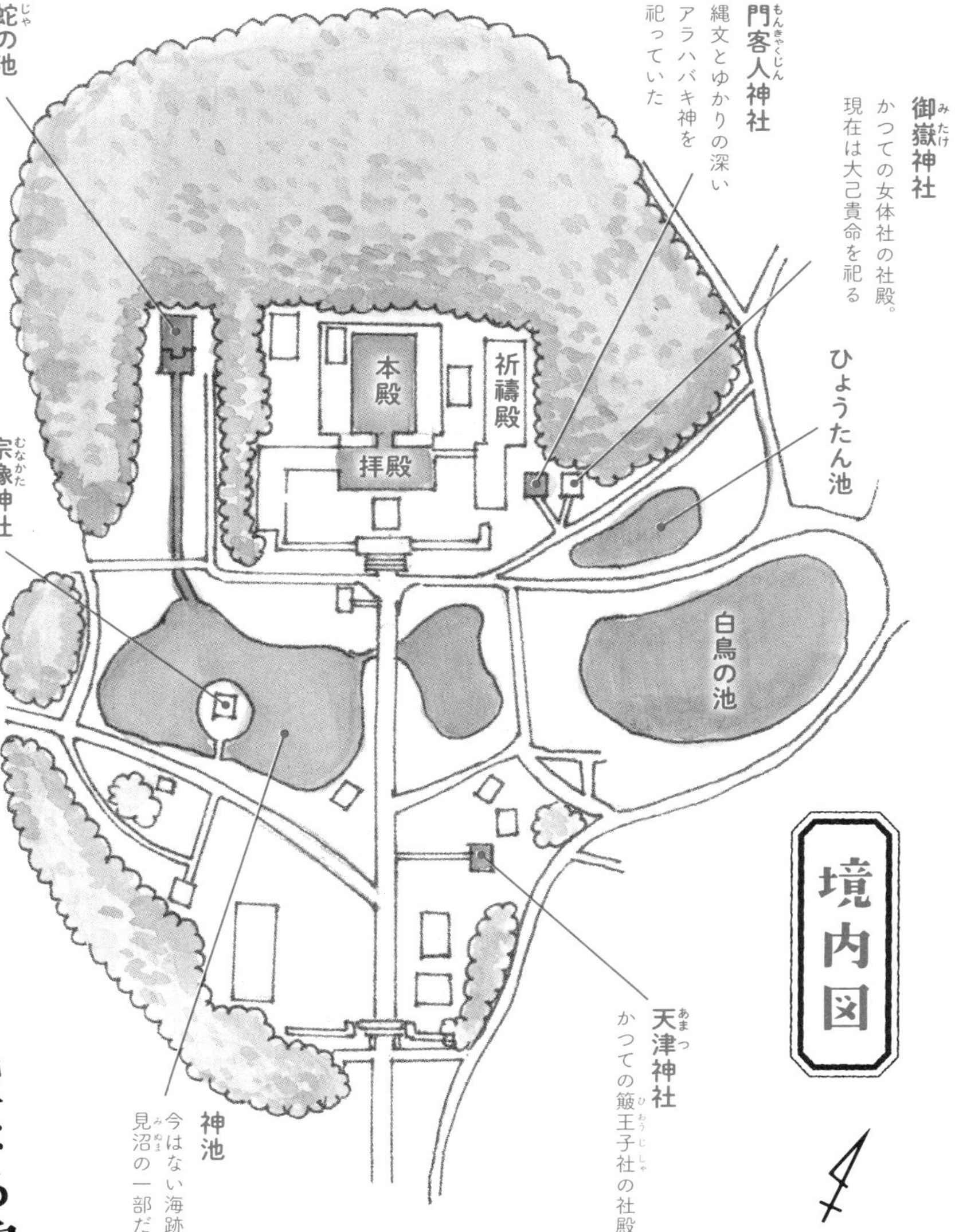
縄文とゆかりの深い
アラハバキ神を
祀っていた
氷川神社の根源と
考えられる霊泉
ひょうたん池
宗像《むなかた》神社
九州の海の女神が
祀られている
今はない海跡湖・
見沼《みぬま》の一部だったらしい

包容力抜群！
聖なる泉の神

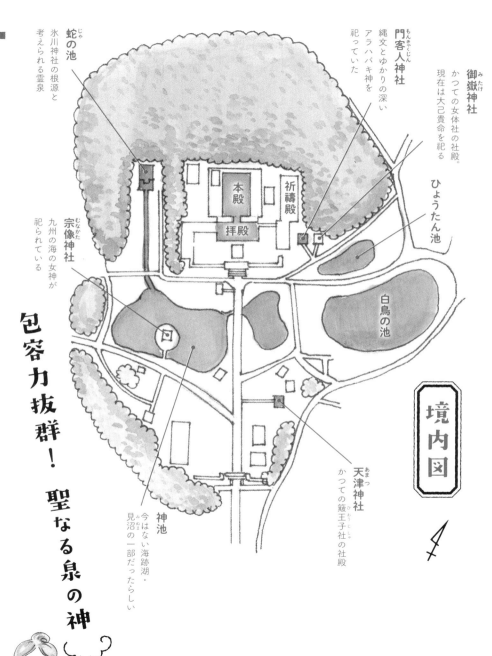

しかし、氷川神社がある大宮台地は、縄文時代にはずっと陸地で、川（支流）も側にあるという好立地。これは意外に遺跡があるかも……と調べ始めたら、ありました。なんと、氷川神社本殿付近から、縄文後期・晩期の氷川神社遺跡[4]が発見されていたのです。

さらにその遺跡は、盛り上がり部分が馬の蹄《ひづめ》のように本殿を囲んで巡《めぐ》っているそうで、中央の低い部分がちょうど本殿のあたりになると言います。このような盛土《もりつち》を「環状《かんじょう》盛土遺構《いこう》」[5]と言い、だいたい中央の低いところ（広場）で、祭祀《さいし》が行われていたようなのです。

つまり、今の氷川神社にとって最も重要な場所である本殿付近で、縄文時代にも祭祀が行われていたということになります。とすると、私たちが本殿にお詣《まい》りする時、縄文の人々とほぼ同じ場所でお祈りしていることになりますよ。これこそまさしく「縄文神社」ではないですか。

「ヒカワ」とは「聖泉」の意味

氷川神社は参拝客の多いお社《やしろ》です。様々な要素がうずまいているような場所でもあり、太古の縄文の人々の気持ちに近づくには、どうしても助けが欲しくなります。より感じやすい場所、自分を縄文マインドなコンディションにもっていきやすい場所を

4：本殿周辺からは氷川神社遺跡、境内の東からは旧石器時代と中期・後期、弥生〜平安の複合遺跡である氷川神社東遺跡、境内の裏手には、早期・中期・後期、弥生時代の集落跡などが出土している大宮公園内遺跡などがある。

5：中央に広場があり、ドーナツ状、あるいは馬蹄《ばてい》型に盛土をしたムラの形態。盛土には土器や石器など大量の遺物を含む。

探してみましょう。

氷川神社の境内《けいだい》はとても広く、気になるポイントはいくつもあります。しかし、最もここだ！と感じる場所は、本殿の外側、向かって左奥にある「蛇《じゃ》の池」と呼ばれる湧水《ゆうすい》です。本殿の正面にも「神池」という池があり、今はもうなくなってしまった見沼《みぬま》6の名残《なごり》と考えられているので、こちらも大切な場所ですが、その水源である蛇の池は、明らかに他の場所とは空気が違うんです。

この湧水こそ、氷川神社の根源だと思うのですが、その理由は、神社名の「氷川」にも隠されています。

「ヒカワ」については、弥生時代に氷川神社を創建した人々（出雲族《いずもぞく》7）が、「簸川《ひかわ》」（斐伊川《ひいがわ》）の川上にあったとされる杵築大社《きづきのおおやしろ》8を遷《うつ》したから、「簸（氷）川」という名前になった――という説があるのですが、これはちょっと回りくどい気がします。

新天地に移住する人が、故郷と似ている風景に同じ名前をつけようとすることはよくありますから、故郷の簸川流域と似ている光景だったので、同じ名前にしたという可能性はあります。でも、氷川神社の周囲に、「ヒカワ」は地名としては残っていないので、「ヒカワという名の場所にあるので、ヒカワ神社になった」というわけではなさそうです。ちなみに、氷川神社の周辺は「高鼻《たかはな》」と言います。高鼻の「ハナ」は、ハナワとも言い、川に削られて形成された谷の両側の段丘を意味するそうなので、そ

6：見沼は江戸時代に干拓されて、広大な農地になっているが、元は縄文時代の海が湖となった海跡湖と考えられる。

7：出雲地方に発する一族。氷川神社の主祭神である須佐之男命《すさのおのみこと》、稲田姫命《いなだひめのみこと》、大己貴命《おおなむちのみこと》（別名：大国主命《おおくにぬしのみこと》、大物主命《おおものぬしのみこと》）は出雲族の祖神であり、出雲族を代表する神々である。

8：現在の出雲大社。出雲国一宮、名神大社。主祭神は大国主大神。

のまんま、地形通りの地名ですね。

「氷川」も言葉の意味をそのままとったほうが、現実と合っています。氷川の「ヒ」は「氷」、あるいは「火、光、霊」を、「カハ（ワ）」は、古くは河川ではなく泉や池、あるいは細い水流が広いところに注ぎ淀んでいる場所を意味すると言います。要するに、「氷の泉（池）」「霊泉、聖泉（池）」という意味です。つまり、「ヒカワ」は湧水「蛇の池」のことを指していると考えるのは自然ですよね。この湧水＝聖泉があるからこそ、神社が鎮座する理由になり、そのまま社名にもなったのではないでしょうか。

縄文神社において、湧水は、最も重要な「聖なるスポット」です。氷川神社は、その湧水を中心に神社となり、長い時の中で様々に変化しつつも大切にされ、発展してきたということだと思います。

蛇の池。湧水は石積みで四角形に仕切られており、穏やかな水面には社叢《しゃそう》の緑が映って、暗い緑色に見える

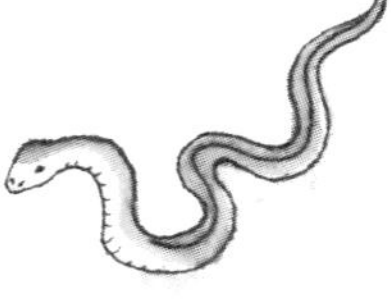

古代祭祀場のような「蛇の池」

この「蛇の池」の手前には石が敷かれていて、石で神域が囲われています。神域一帯を枝葉が覆って翳《かげ》が濃く、明らかに他の場所とは空気感が違います。原始の祭祀場というのは、こういう感じだったんじゃないでしょうか。こんな場所が大宮の街中にあるなんて信じられない、深い静けさです。

この光景を眺《なが》めていると、何となく安心してくるんですね。こういう感覚は個人的な体験にすぎませんが、馬鹿にできないと思うんです。「何となく怖い」「何となく安心する」といった感情は、人間としてというより、もっと深い部分——「生きもの」としての本能、「生きよう」とする潜在意識に基づく感覚ではないでしょうか。

本殿を囲むようにあったという環状盛土遺構は、盛り上がった部分に住居がある構造ですが、その住居の近くにこの湧水があったのでしょう。そして大宮公園につながる社叢《しゃそう》[9]は、縄文時代にムラを育《はぐく》んでいた雑木林の子孫かもしれない。そう考えると、社叢と蛇の池（湧水）がセットで、聖なる場所だったのでしょう。その本質は、今も変わらないということではないでしょうか。

9：神社の森のこと。

縄文と弥生の融合

長い時の中、様々な人がこの場所を大切にしてきました。縄文の人々の祈りの場、そして弥生時代に神社としてバージョンアップしてからも、同様です。

弥生時代に移住してきた出雲族が、この聖泉の地で、祖先への祭祀を始めたのが「神社」としての氷川神社の始まりです。でも移住者・出雲族はもともとの神をいないものとしたわけではなく、ある部分融合し、共住したんじゃないかと思います。

氷川神社の境内には、たくさんの摂社《せっしゃ》[10]が祀《まつ》られていますが、中でも重要とされている摂社が三社あります。その三社の一つが、門客人《もんきゃくじん》神社です。現在は、本殿の祈《き》禱《とう》殿を挟んで東側に祀られていますが、このお社は江戸時代まで「荒脛巾《あらはばき》神社」と呼ばれていました。アラハバキの神は、縄文に由来すると考えられている神です。

そしてその横には、御嶽《みたけ》神社がありますが、こちらはかつての「女体社《にょたいしゃ》」の社殿が用いられています。昔、本社の本殿は「男体社《なんたいしゃ》」「女体社」「簸王子社《ひおうじしゃ》」の三つに分かれていました。古い境内図を見ると並んで祀られていて、現在のように一つの本殿に祀られるようになったのは明治時代からだそうです。

氷川神社では、門客人神社の神は、女体社の神の両親と考えられていましたが、門客人神社の神がアラハバキの神（縄文神）としたら、娘である女体社の神も縄文神です

10：本社に属する小社を末社、本社主祭神と由緒の深い神を祀る神社を摂社と言い、摂社の方が格が高いとされた。境内にあるものを境内摂社、境内の外にあるものを境外摂社と呼ぶ。

よね。そう考えたら、出雲からやってきた神が女体社の神の婿《むこ》になった——というストーリーが描けるんじゃないかと思うのです。

おおらかさと包容力

現在、氷川神社の御祭神として祀られているのは、須佐之男命《すさのおのみこと》と稲田姫命《いなだひめのみこと》[11]と大《おお》己貴命《なむちのみこと》ですが、須佐之男命と稲田姫命は夫婦神と考えられています。稲田姫命は蛇神に仕《つか》える巫女《みこ》で、自身も神として祀られたという説があります。蛇神は水の神と考えられるので、稲田姫命も水にまつわる女神ですよね。つまり聖泉「蛇の池」に関わる女神ということではないでしょうか。

このような神の関係性や名前は、縄文時代に生まれたものではありませんが、縄文神の面影やコンセプトが、ちゃんとそこに含まれ、伝えられていると私は考えます。新しい神と古い神が融合し、共存していく物語のように思えるのです。

もう一つ、融合の証《あかし》のように感じるのが三社のうちの一つ、天津《あまつ》神社です。こちらはかつての「簸王子社」の社殿で、夫婦神の御子神《みこがみ》が祀られていました。この御子神はいわば先住民と移住民との融合の象徴ではないでしょうか。縄文と弥生の結節点《けっせつてん》と言ってもいい存在です。

少し前には、弥生人が縄文人を征服して新しい時代が始まった——といった印象で

11：日本書紀では奇稲田姫命《くしいなだひめのみこと》ともいう。

語られていましたが、最近ではそのイメージは誤りであると考えられています。時に諍《いさか》いもあったでしょう。しかし縄文の人々は大らかでしたから、異文化の侵入者がやってきたとしても、排除よりも融合し、共存を選んだのではないかと思います。縄文ヒカワの皆さんも、そうだったんじゃないでしょうか。

こういう大らかさ、ゆるさは、日本文化の根源でもあります。本質が相反する神でも一緒に祀ってしまったりする「八百万《やおよろず》の神」の発想。一神教を元とする文化の方からは曖昧《あいまい》すぎると批判される時もありますが、私はそのゆるさがいいと思います。

縄文神社を訪ねると妙に安心するのは、否定されない感じがするからかもしれません。氷川神社は立派で広大な神社ですが、異質なもの、小さなものも、ちゃんと受け入れてくれるような包容力を感じます。

縄文神社として、改めて氷川神社を見てみると、なぜそんなに包容力があると感じるのか、その理由を実感できるのではないかと思います。

氷川女體神社《ひかわにょたいじんじゃ》

さいたま市

氷川女體神社[12]は大宮台地の上に鎮座しています。台地崖下には、縄文時代には古入間湾《こいるまわん》（海）で、その後見沼となった水辺の風景を、今に伝える見沼氷川公園があります。公園奥近くにたたずむ鳥居から見上げると、深い社叢に急峻な石段が延びています。石段を上りきるとあらわれる境内はまさに別天地。清らかで濃厚な空気が漂います。

現在の境内周辺はなだらかな住宅地ですが、かつては背後に三室山《みむろやま》という小山があったと伝わります。すると、縄文時代には、古入間湾につき出した緑の台地上にあり、聖なる山（三室山）をともなう聖地だったのではなかったか……と想像がふくらみます。

このように豊かな場所には人が集まります。縄文時代も多くの人を惹《ひ》きつけたことでしょう。その証拠に境内や周辺からたくさんの遺跡が発見されています[13]。

古入間湾や見沼の記憶漂う聖地

12：主祭神は奇稲田《くしいなだ》姫命《ひめのみこと》で、大己貴命《おおなむちのみこと》と三穂津姫命《みほつひめのみこと》を配祀《はいし》する。

13：境内と北西の地域に旧石器、縄文（早・前・中・後期）、弥生から近世に至る複合遺跡・宮本遺跡が出土している。同台地上には馬場小室山遺跡（中期～晩期の約2000年間、集落として継続）をはじめ、隙間がないほど遺跡が連なっている。

中山《なかやま》神社

さいたま市

中山神社[14]の主祭神[15]は氷川神社と氷川女體神社の御子神で、かつては三社一体で武蔵国一宮・氷川神社を形成していたと考えられます。

境内からは確認されていませんが、周辺には、縄文早期以降の中川稲《なかがわいな》荷山《りやま》遺跡など、多くの遺跡が発見されています。また現在は芝川《しばかわ》が流れる低地には丸木舟が出土した大道東《だいどうひがし》遺跡という集落遺跡もあり、このエリアに内海を舟で行きかう人々がいたことを物語っています。

主祭神は火の神とする説もある上に、以前は「火の祀り」が最も重要な祭礼だったことから、この地の聖なるものの属性は「火」ではないかと考えています。

鳥居をくぐってすぐ右に、荒脛《あらはばき》神社があり、縄文とのつながりを強く感じさせます。

アラハバキの神には諸説ありますが、蛇信仰に関わりが深く、また産鉄地に付随する神でもあるため、「火」との関わりを連想させる神でもあります。

火の気配とアラハバキの神

14：中山は、所在地区名「中川」と上山口新田地区の「山」の字をとってつけられた新しい社名。もともとは中氷川神社あるいは氷川簸王子《ひおうじ》社と呼ばれていた。

15：現在の主祭神は大己貴命。須佐之男《すさのお》命《みこと》、稲田姫命を配祀しており、武蔵一宮氷川神社と共通している。

鷲宮神社《わしのみやじんじゃ》

久喜《くき》市

関東最古の大社

「縄文神社の取材はじめました〜」と、兄貴分の神仏探偵こと本田不二雄《ふじお》氏[16]に報告したら、「関東最古って言われたりする鷲宮神社って、やっぱ縄文神社なの？」と鋭く問いかけられました。

鷲宮神社は、埼玉県を代表する古社で、確かに「関東最古」と聞いたことがあります。でも不思議なことに、屈指の名社であることは間違いないのに、中世以前の歴史が史料に残っておらず、式内社《しきないしゃ》[17]でもないのです。ただし、神社の伝承によれば、創建期は氷川神社より古い時代なので、それを根拠とすれば関東最古の可能性はあります。

あるいは、多くの人が「最古」と称《たた》えたくなる理由が他にあったのかもしれません。私は、この場所が「太古から栄えている場所」だという記憶が、共通認識として伝承されていたからではないかと考えています。太古とは神世《かみよ》以前、つまり縄文時代のこと。鷲宮神社でも、境内から縄文遺跡[18]が出土しているのです。

16：神仏ライター兼編集者。筆者とは『今を生きるための密教』（2019年刊）を共著で出版。

17：平安時代中期（927年に成立）の法典『延喜式』巻9・巻10（通称「神名帳《しんめいちょう》」）に掲載されている神社のこと。神名帳に掲載があるということは、この時代にすでに存在しており、朝廷に承認されていたことを意味する。

18：鷲宮神社境内遺跡。鷲宮神社を中心に周辺の水田に広が

光と影を内包する浮島の神

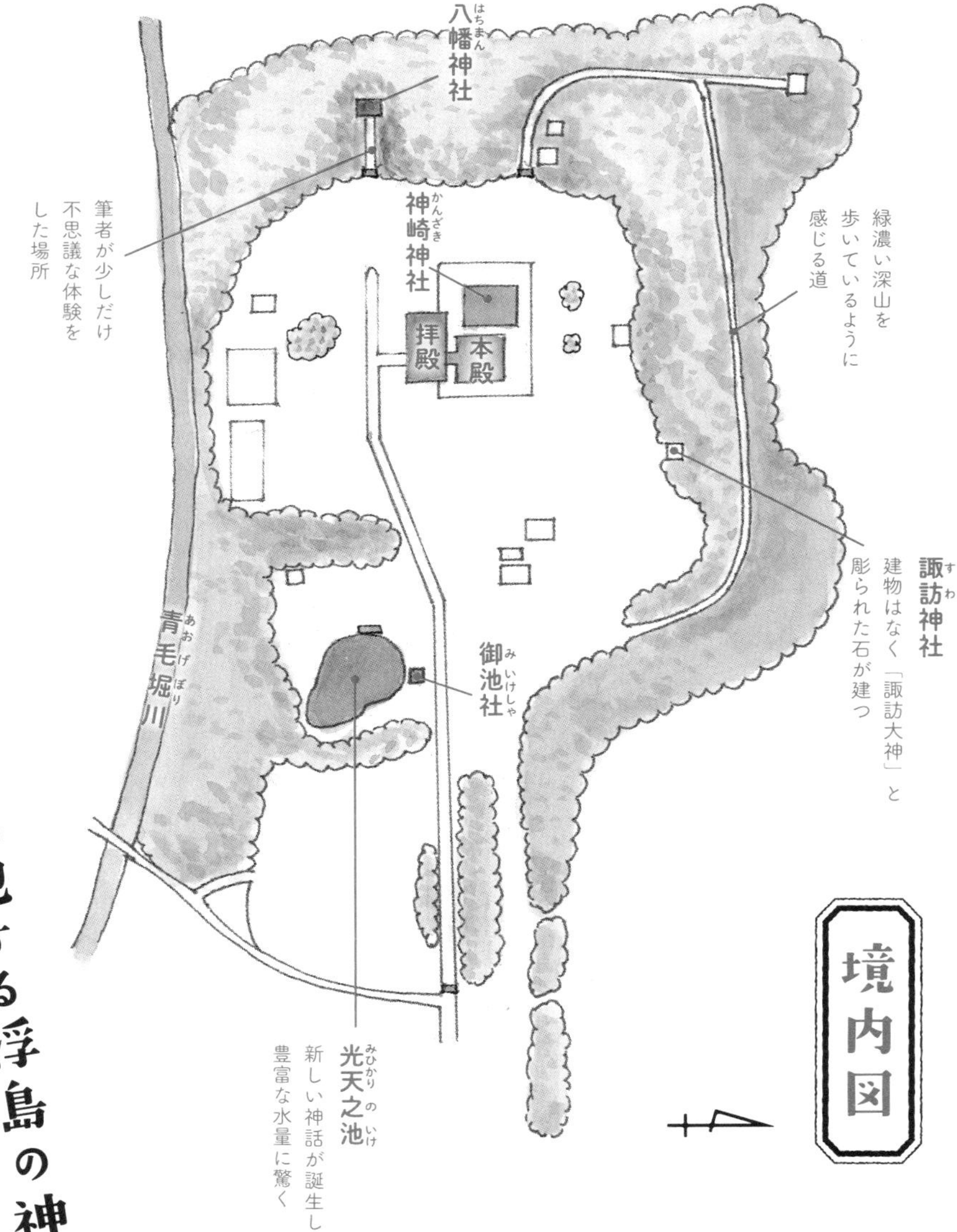

る。縄文前期・後期、古墳時代以降の複合遺跡。古墳時代以降もほぼ継続していたことが確認された。通称、堀之内遺跡。

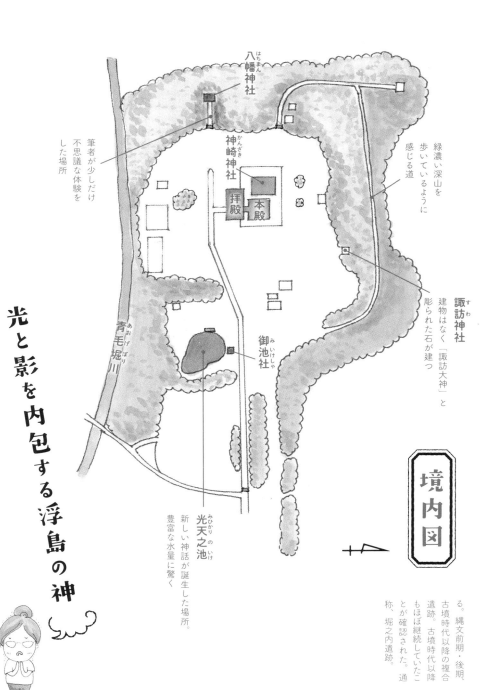

本殿（右）と神崎神社（左）

境内配置に漂う先住民の気配

鷲宮神社は、氷川神社と同じく、出雲族が創建した神社です。そしてこちらにも、出雲族が移住する前から土着の人々の暮らしがありました。

鷲宮神社を参拝すると、本殿のエリアが不思議な配置になっていることに気付きます。お詣りする場所（拝殿）があって、その奥に建物が二棟あるんです。向かって右側が本殿、左側が神崎《かんざき》神社です。

一般的に、一つの建物（本殿）に複数の神様をお祀りすることはありますから、建物を分けなくてもいいわけです。ところがこちらでは、分けてある上に、神崎神社という別の名前がついている……。ゆかりの神社を境内に「摂社」として、あるいは「元宮」として祀るというパターンもありますが、本殿の脇にあってセットになっているように見える配置。これはかなり珍しいと思います。

この鷲宮神社でも、氷川神社と同じことが起こったのかもしれませんね。つまり、この神崎神社に祀られている神は、先住民の祀る神だった。そしてここに移住してきた出雲族がこの地を支配するようになっても、同じような祀り方をしないとならないほど、力を保持する神だった。あるいは融合して、共存することの象徴となった——そんな太古の記憶が、この配置に秘められているのかもしれません。

再生した龍神が棲《す》む池

先住民とは、縄文時代からこの地域に住む人たちの末裔《まつえい》でしょう。本殿に並ぶ神崎神社に、その面影を探せたらいいのですが、歴史的レイヤー[19]がぶ厚く重なりすぎて、妄想力《もうそうりょく》九九％で頑張っても、その奥にある根源を見ようとするのは、相当にハードルが高い……。しかしながら縄文の皆さんも私も、同じ人間です。ここでも生きものとして、人間としての共通点、そのあたりの感覚を活性化させて、感覚的につながれる場所を探そう——そんなふうに思いながら境内を巡っていると、おお!? と感じたポイントが、二カ所ありました。

一つは、参道左手にある「光天之池《みひかりのいけ》」です。この池は古くからの神池で、竜神が棲むという言い伝えがあったそうなのですが、土砂が流れ込み、埋もれてしまっていました。しかし平成十一（一九九九）年に土砂を搬出したら——。

19：人が生きた分だけ歴史には層（レイヤー）が積み重なっている。どの時代のレイヤーに注目するかによって、見えてくるものが違ってくる。本書では「縄文レイヤー」に注目し、今（現代レイヤー）との接点を探していく。

光天之池

「池から湧き水が溢れ出て、龍のような雲が空を覆いました。その時に『天まで光り輝くような池』というご神託を受け、池の名を光天之池と名付けました」（境内説明板）

平成十一年の話となると、生まれたての神話ですね。水脈が絶えてなかったことに驚きますが、「龍のような雲が」というくだりは、それを目撃した人が書いたのだろうという勢いがあります。このような神秘について、私に語る能力はありませんが、ただ確かにこの池の周辺はとても気持ちのいい場所でした。そう感じるのは人間だけではないと思います。周辺の木々は生き生きと輝いて見えました。

そしてなんと言っても、この地から再び湧水が出たということが、縄文神社である証のように思えます。境内がある場所は、微高台地の一部でした。そして台地上に湧水があるというのは、最高の縄文ロケーションです。

台地の周辺は、縄文海進《かいしん》時に海だった場所ですから、鷲宮神社のある台地が、島のように浮かんで見えたことでしょう。海退《かいたい》後も、干潟、沼、湿地と変化はするものの、鷲宮神社が島のように見えるのは変わらなかったようです。鷲宮神社は別名「浮島大《うきしまだい》明神《みょうじん》」[20]とも呼ばれるのですが、その名に地形の記憶をとどめています。

そう言えば、神崎神社の〝神崎〟という名前も、この地形と関係がありそうです。平地に突き出た台地や山の先端部は〝サキ（崎）〟と呼ばれますが、崎は神が宿る場所でもありました。〝神崎〟は、意味もバッチリ合う気がします。

いろんな生きものが潜《ひそ》んでいそうな森

とは言え、現在の鷲宮神社はほぼ平地に見え、周囲との高低差は感じません。何より目立つのは、境内を覆う社叢です。町や畑の中にぽこんとあらわれる社叢は、まるで緑の島。もう一つのポイントとは、この社叢なのです。

社叢近辺にはいくつも摂社がたたずんでいますが、社叢内の摂社は、道を歩いていってようやく見えてきます。その道筋は平地にあるとは思えないほど、森が深く感じられます。縄文時代の植生と同じではないでしょうけども、濃密な緑の中を歩いていると、縄文の森を歩いているような気がしてきます。

実は、その中の八幡《はちまん》神社[21]で、不思議な出来事がありました。八幡神社には、しっかりとした鳥居があり、石の参道があります。ただ八幡神社ということで、私はちょっと油断していましたね。関東においての八幡神社は、鎌倉時代に武家に信仰されて広

20：明神は神の尊称。神威が明らかな神という意味。

21：主祭神は応神《おうじん》天皇。宇佐《うさ》八幡宮が本宮で、武神として全国の武人から篤く信仰された。

まった神社なので、きっと幕府や御家人《ごけにん》の信仰心から勧請《かんじょう》された新しいお社だろうと思い込んでいました。ちょっとご挨拶《あいさつ》しておこうかしら……と、気軽な心持ちで鳥居をくぐったのです。すると、思いのほか空気が重い。

鳥居をくぐってお辞儀をし、ふと視線を前方に戻すと、参道の上に黒い何かがいました。手のひらくらいの大きさでしょうか、キューッと盛り上がって、びくっと身を震わせると、慌てて森の中に消えていったのです。私は瞬《まばた》きも忘れて立ちすくみました。変な汗をかいて、アワアワしながら参拝すると、いそいで立ち去りました。鳥居を出て、本殿のあるあたりに戻ると、空気が変わってホッとしたのですが、あれはいったい何だったんでしょう。

私は霊感は全くないので、勘違いかもしれません。しかし、お互いにびくっとした時の感覚は、気のせいではないと思うのです。

八幡神社

後日、生物に詳しい先輩にこの話をしたら、おそらく蛭《ひる》ではないかと言っていました。しかし「龍が立ち上った」という神話がつい最近生まれた神社ですから、不思議なことに遭遇してもおかしくないんじゃないかな、と思わないでもないのです。あの生命力に溢《あふ》れた社叢であれば、いろんなモノがいてもおかしくないぞ、と。

鷲宮神社には、光と闇がちゃんとある、と思います。多くの参拝客が訪れる、現在進行形の神社としての明るさもありつつ、謎めいた側面、何かよくわからないものの気配もある。「わかる」方がよしとされるのが現代だと思いますが、そんな中で、この「よくわからない」というのは、むしろ正しい。実際のところ、私たちは、物事がわかっているようで、ほとんどのことがわかってないんですもの。「わからない」と言うほうが、本当は真実に近いでしょう。真実に近い言葉は、やっぱり強いのです。

生きもの好きで水木《みずき》しげるさんファンの私としては、よくわからないものがある世界の方が、怖いけれど面白いと思います。鷲宮神社はそんな場所であり、野生の力とでもいうべきものが秘められているような気がしました。

しかし。こんな感じが縄文神社の共通点だったらどうしよう……、とビビる私。と、とりあえず明るいうちにお詣りしよう、と心に決めて、私は神社を後にしました。

北本高尾氷川神社《きたもとたかおひかわじんじゃ》

北本市《きたもと》

湧水が生み出す「谷津《やつ》」風景

先に紹介した氷川神社も鷲宮神社も素晴らしい縄文神社ですが、街の中にあり、歴史的レイヤーが複雑に折り重なっているため、縄文神社らしさを感じるには少々集中力が必要かもしれません。しかしそこに行くだけで、スルッとそんなマインドに入れてしまう場所もあるんです。それが北本高尾氷川神社（以下、高尾氷川神社）です。

高尾氷川神社周辺には、遺跡があるのはもちろんのこと、縄文時代から利用されていたとされる湧水、そしてその湧水が創り出す「谷津」風景が、そのまま残されています。資料館や復元住居があるわけではありませんが、縄文の皆さんが好きそうな「湧水＋谷津」という環境が、これ以上ないと言っていいほど残されており、神社を含む周辺環境全体で、縄文神社を体感することができます。

豊かな湿地と
小川がおりなす
安らぎの空間

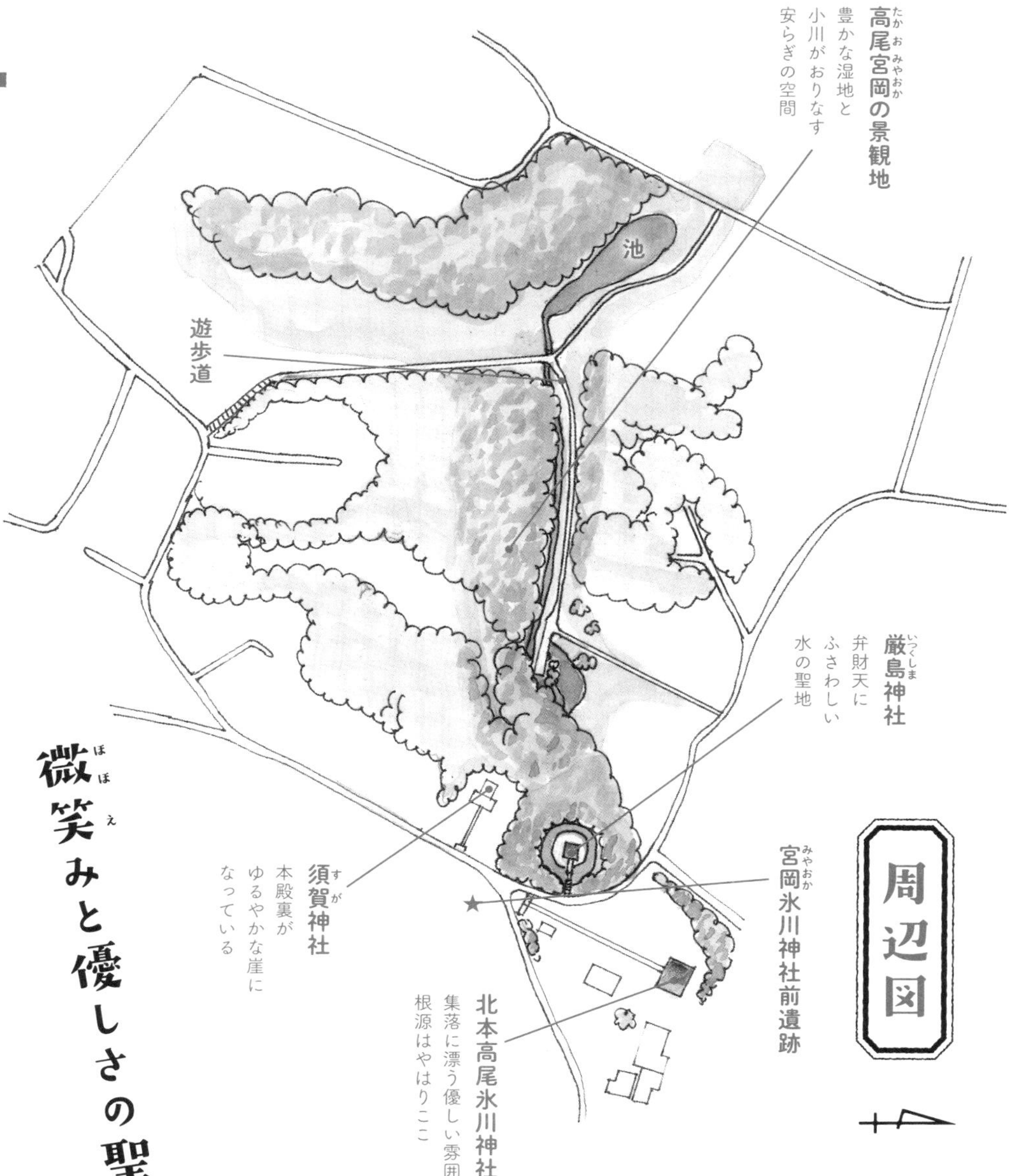
ゆるやかな崖に
北本高尾氷川神社本殿
集落に漂う優しい雰囲気の
根源はやはりここ

微笑《ほほえ》みと優しさの聖地

高尾の微笑みの土偶

高尾氷川神社がある集落には、高尾氷川神社を中心に、厳島《いつくしま》神社と須賀《すが》神社[22]が並び、狭いエリアにぎゅっとお社が集合している光景に驚きます。

遺跡は、高尾氷川神社の門前で発見されました。土偶《どぐう》や石剣《せっけん》など、呪具《じゅぐ》が一緒に出土しています。この土偶の表情が可愛《かわい》い。笑っているように見えます。その可愛さに目を奪われていましたが、よく見ると足の部分が欠けています。

わざと欠損させたものと推察されているのですが、理由はよくわかっていません。しかし、何か事情があったはずです。こんなハッピーな表情をしている土偶ですもの、ムラの人に大切にされていたでしょう。出土した時、土偶の頭には、枕状のものが添えられていたと聞きました。土偶を送る（葬《ほうむ》る）時に、枕を置きたくなった――という心情に、愛を感じます。

そんなあたたかいイメージと同様に、集落全体が明るく、優しい気配に満ちています。高尾氷川神社の前でその様子をぐるっと見渡して、ひと息。この神社を中心としたこの付近一帯が、まさに縄文神社なのです。

本殿にお詣りし、細い道を渡って石の階段を下りた先に、境外社《けいがいしゃ》の厳島神社があります。今もこんこんと水が湧いており、厳島神社の周りに池を成しています。この湧

22：江戸時代までは牛頭天王社《ごずてんのうしゃ》と呼ばれたため、地元の人々は今も天王様と呼ぶという。

異形土器

土偶

石剣

様々な土製耳飾

宮岡氷川神社前遺跡は、北本高尾氷川神社の鳥居のななめ左前周辺を中心に発見された縄文後期～晩期の遺跡。大宮台地北部を代表する集落遺跡で、大型住居跡のほか、土偶や耳飾り、石棒・石剣などの祭祀具が数多く出土した。

（北本市教育委員会保管）

水が、神社の根源なのは間違いありません。

入口に「厳島弁財天」の幟《のぼり》がはためいています。厳島神社の御祭神は市杵嶋姫命《いちきしまひめのみこと》ながら明治の神仏分離令[23]以前はずっと弁天社だったそうで、今も重ねてお祀りしているんでしょう。弁財（才）天[24]は仏教の神ですが、水神で豊饒《ほうじょう》の女神でもあり、縄文神社周辺に登場することがとても多い神様でもあります。

心の塊が重なっている場所

お詣りしていると、熱心に作業をしている方がいたのでお話をうかがうと、ほぼ毎日掃除をしているとのことでした。そこで気づいたのです。縄文神社が今ここにあるのも、長い年月、このような人たちの「心」がつながってきたからだ、と。

縄文時代に中心的だったと考えられている「祖霊崇拝《それいすうはい》」は、先祖が神になるという世界観です。祖霊とは先祖の霊、血縁的なつながりのことだけど、こういう「心のつながり」のことも、言うのかもしれない……、そう思いました。

この時、私が想像した〝祖霊〟とは、先祖の霊でなく、人間という種《しゅ》としての先輩たち全部のこと。そんな先輩たちの心の塊が数千年分重なっている場所が、縄文神社だと言えるのかもしれません。縄文神社に行くと、そういう美しいものに出会える。だから私は、何度も訪ねたくなるんだろうと思います。

23：1868（明治元）年、明治政府は神道《しんとう》国教化政策を進めるために、神仏習合で一体化していた神仏を分離するよう法令を発布した。その一連をまとめて神仏分離令という。

24：インドの河（水）の女神で、豊饒の女神。仏教に取り入れられて梵天《ぼんてん》の妃、あるいは毘沙門天《びしゃもんてん》の妃とされた。音楽や芸術の守護神だが、日本では財産をもたらす側面が信仰され、弁財天とも書かれるようになった。

変わらない大切なもの

厳島神社から西方向に広がるのが宮岡《みやおか》谷津です。谷津は、谷戸《やと》とも言いますが、台地に切り込んだ谷のことで、崖下の湧水で湿地が広がり、台地の斜面を林が縁取《ふちど》っているような地形を言います。厳島神社はその谷頭《こくとう》にあたり、ここから湧き出た水を中心に、宮岡谷津が形成されているのです。

宮岡谷津は実に美しい場所でした。草木はキラキラ、蝶《ちょう》が舞い、小川のせせらぎが聞こえます。きっとあの湧水とこの谷津は、縄文の人たちにとっての聖地で、同時に自分たちを育んでくれる生活の場でもあったことでしょう。

現在は、「高尾宮岡の景観地」という緑のトラスト保全地[25]として整備されています。この谷津はこうして今後も残されていくんですね。

おそらくかつては神社の領域で、容易に手を出せない場所だったのではないでしょうか。その根底には、神社や神への崇敬・畏《おそ》れがありました。人が手を出してはいけない領域を設けるのは、叡智《えいち》です。それを今は、行政が法律でもって代行していますね。表現は変わっても、こうして守っていく、そして次につないでいこうと思う心は同じ。やはり大切なことです。多くの人々の残したい、守りたいと願う心が、高尾氷川神社と宮岡谷津を形作っているのです。

宮岡谷津

25：「さいたま緑のトラスト運動」で指定された保全地。さいたま緑のトラスト運動は、埼玉県の自然や貴重な歴史的環境を保存し、将来につないでいくために展開されている。

三峯神社《みつみねじんじゃ》

秩父《ちち ぶ》市

秩父山地の縄文神社

三峯神社が鎮座する秩父[26]は、埼玉県で最も古くから人が暮らした場所です。中でも三峯神社があるエリアは奥秩父と言い、深い山の中にありますが、この山中こそ、縄文時代には盛んに往来があり、栄えた場所だったのです。

今の感覚からすると、平地や低地の方が大きな道が造れますし、人が集まる場所のように思います。しかし縄文時代はちょっと違います。山は食料や資源に恵まれた場所でしたし、交通も不便ではありませんでした。縄文の人々は、川《かわ》筋《すじ》と尾根《おね》を通じて、自由に行き来していたのです。三峯神社は、そんな〝山の縄文文化〟を継承している貴重な縄文神社です。

三峯神社は「三峯」という名前にあるように、三つの峰——雲取山《くもとりやま》、白岩山《しろいわやま》、妙《みょう》法ヶ岳《ほうがだけ》を含む秩父山地の広い範囲を〝神域〟と考えていいのではないかと思います。

26：武蔵国は三つの国（知知夫《ちちぶ》、牟邪志《むさし》、胸刺《むねさし》）を統合して生まれた。最も早く成立していたのが知知夫＝秩父で、埼玉県下で最古の人類の痕跡が発見される。

“山の縄文文化”の継承者

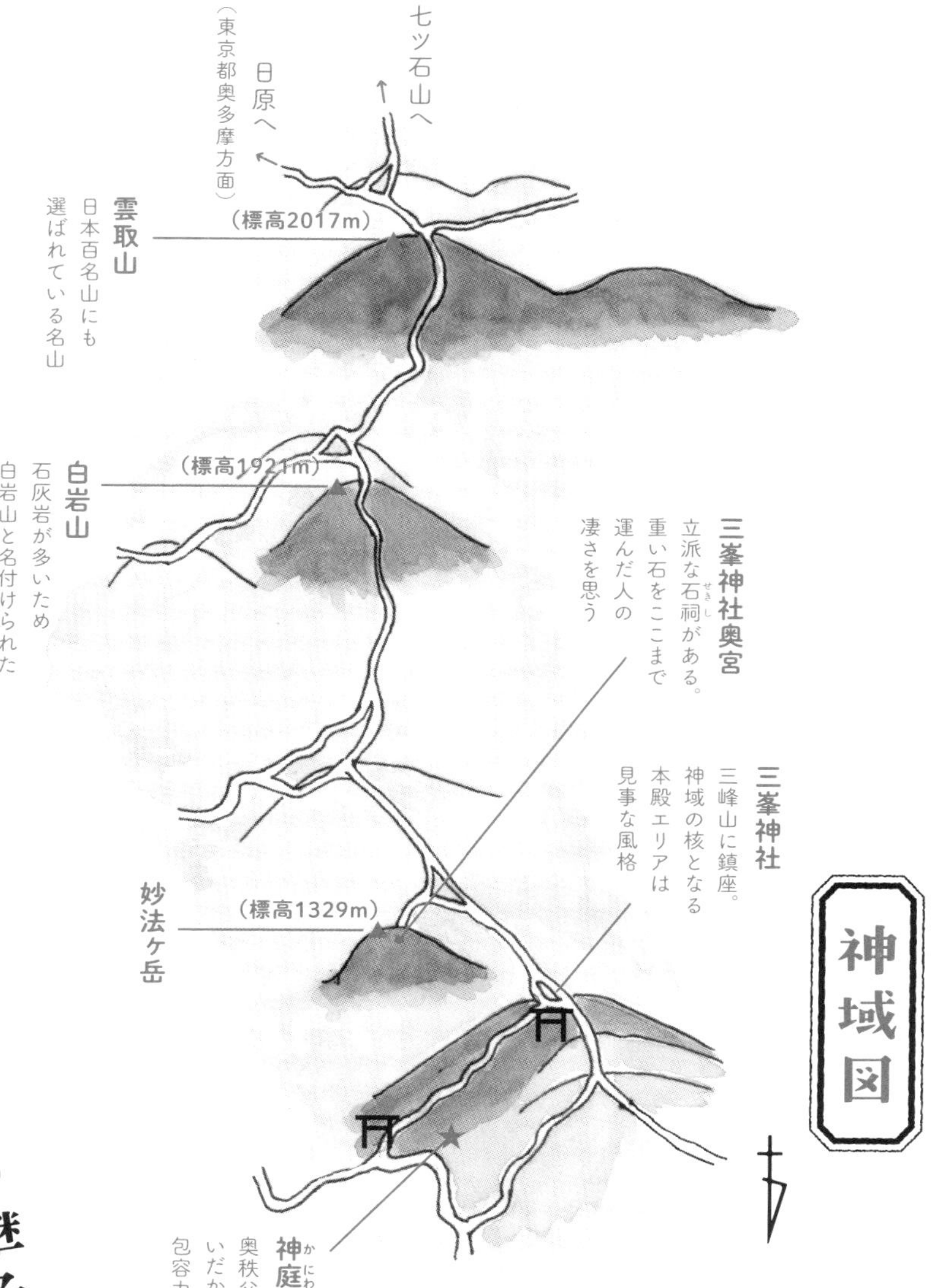
七ツ石山へ
日原へ
（東京都奥多摩方面）
雲取山
日本百名山にも選ばれている名山
（標高2017m）
白岩山
石灰岩が多いため白岩山と名付けられた
（標高1921m）
三峯神社奥宮
立派な石祠《せきし》がある。重い石をここまで運んだ人の凄さを思う
三峯神社
三峰山に鎮座。神域の核となる本殿エリアは見事な風格
妙法ヶ岳
（標高1329m）
神域図
神庭《かにわ》洞窟
奥秩父の懐《ふところ》にいだかれてる感じ。包容力抜群
（「歩歩えみまっぷ 三峰 雲取山」を参考に作成）

雲取山の山頂をはじめこの神域には、縄文時代の痕跡が多く残されているのですが、本殿エリアでは発見されていないそうです。遺跡がないのが本当に不思議と感じるほど、気配も濃厚で、縄文神社ならではの重厚な空気を感じます。

そのような三峯神社の神域に立ち上がる重厚で清らかな雰囲気、日本独自の山岳信仰・修験道《しゅげんどう》[27]の聖地としての歴史からしても、私は縄文神社として三峯神社を語りたいと思います。

ストーンサークルも出土している神庭《かにわ》洞窟

まず最初に縄文神社を感じるポイントは、表参道の近くにある神庭洞窟遺跡です。ほとんどの人は、本殿の近くまで車（あるいはバス）で行きますから、この遺跡に気付かないかもしれません。でも、ここにはぜひとも立ち寄っていただきたい。広大な神域の中でも、とても特別な場所です。

神庭洞窟遺跡は、約一万年前（縄文草創期）から、継続的に使用されたことがわかっている遺跡です。荒川《あらかわ》の急流が流れている崖の中腹にあって、荒川との高低差は約五〇メートル。「転がり落ちたら、たぶん死ぬ……」と思うような場所にあるんですが、実際に経路を登りきって洞窟の前に立つと、洞窟とその前にある平地の広さに驚きます。

27：役小角《えんのおづぬ》によって7世紀頃に始まったとされる。日本列島にもともとあった信仰に、道教や仏教など外来の信仰・文化が融合して成立したと考えられる。

神庭洞窟遺跡

洞窟の中を覗《のぞ》いてみると、半洞窟と呼ばれる大きな洞窟は、半分は屋根があるような感じで、十分に奥行きがあり、焚火《たきび》も宴会もできそうです。

そして、向かって右手奥には中二階のような洞窟があり、嵐の時でも安心。そしてなんといっても、半洞窟奥には湧水があるんです。これなら水汲《く》み不要。最高です。

そして洞窟の前では、一坪ほどのストーンサークル[28]が発見されています。ここで祭祀が行われていた証拠です。「神庭」は、神を祀る場所や祭壇・祭場を意味しますからそのままですね。この場所の晴れやかさは、神を称えるのにふさわしい場所です。眼前に見えるのは山肌と青い空。聞こえるのは鳥の声と風の音。縄文時代には、もっと谷底が近くだったそうなので、その点が違いますが、それ以外の環境は縄文時代とほとんど変わらないでしょう。

聖なる尾根歩き

そしてもう一つ、太古から伝えられてきたであろう、三峯神社の世界観を体感できるポイン

28：環状列石。墓というより、祭祀に用いられた遺構と考えられる。

奥宮へ到る尾根道

トがあります。それは、妙法ヶ岳山頂にある奥宮と、そこに至る「尾根歩き」です。

本殿にお詣りした後、遥拝殿《ようはいでん》[29]で妙法ヶ岳に拝礼してから、山頂の奥宮へ向かいます。奥宮までは、片道一時間半程度。山道はそれほど狭いわけでもありませんし、よく整備されています。でも、上がっていくと、そこはちゃんと尾根道なんです。山道の両側がしっかりと崖なロケーション多出。山頂の手前には鎖場《くさりば》も登場しますから、油断大敵です。

この尾根道を歩きながら、縄文の人々の気持ちを想像してみます。いくつかピークのような場所を経て尾根道は続き、時たま木々の間から遠くの山々も見えます。山中では自分がどこにいるかわからなくなりますが、この尾根を行く限り、自分の位置をある程度把握できたのではないでしょうか。土地勘も経験もない私には無理ですが、縄文の人々はよくわかっていたでしょう。

山頂に到達すると、立派な石祠《せきし》が鎮座しています。周囲を見渡すと、正面にあるはずの遥拝殿もどこかわからないほど、山・山・山。

29：「遥拝」は神仏と考えられる山や岩石などを遠くから拝する方法のこと。一方、信仰を胸に実際に登山する参拝方法を「登拝」という。

私自身が、山に慣れていなくて圧倒されてしまったということもあるでしょう。雄大な風景を前にすると、開放されるような気持ちも湧《わ》きますが、同時に途方に暮れて、怖い気持ちが湧いてきてしまうのです。緑の山並みを見ながら、この奥宮があってよかったとつくづく思いました。奥宮の周りと山道は、私たち人間のテリトリーということですから。

奥宮。石祠の背後に山並みが広がる

縄文人にとって「聖地」とは

縄文人の生活は「自然と調和していた」と表現されますが、自然のままに暮らしたという意味ではありませんよね。人間が定住し、暮らしやすい環境を作った時点で、自然の領域を侵すことになり、「不自然」になります。自然のままでは定住生活は難しいからです。

現代の神社に目を向けると、街中の神社の社業は「不自然」の中にある「自然」です。この「自然」は、宮司《ぐうじ》さんや氏子《うじこ》さん、自治体や研究者の皆さんの絶え間ない努力によって、つまり人間によって維持されている小さな「自然」です。

その関係性が、山に入ると反転します。山には人工物はほとんどなく、自然が圧倒的です。自然が強者で、人間は弱者。人間はちょっとしたことで命を落としてしまう、か弱い存在です。そんなことを私も察しているのでしょうか。山頂で感じたように、開放されているけれども怖いという気持ちになるのです。

ですから、山道を歩いている時に、祠や石仏のような人工物に出会うと、ホッとします。縄文時代の人々はどうだったんでしょう。私の何倍も体力があって、強かったと思いますが、それでも怖いものはあったはずです。

そう考えたら、彼らにとっての聖地は、安全で、ホッとできる場所だったんじゃないかと思います。例えば、飲料水にできるような小川や湧水のほとり。遠くからでも見えて、目印になるような特徴のある大きな岩のそば。落石や日差し・風雨をよけられるような岩陰（洞窟）。月や星が見やすく、周囲を見渡すことができる山頂付近──。こういう場所が、「聖地」だったのではないでしょうか。そしてそれは、私たちが「聖地」と呼ぶ場所と一致しています。

三峯神社の神域にはそのすべてが含まれ、変化しながらも継承されている。その点が、今も三峯神社が特別である理由なのではないかと思います。

「聖ルート」と修験道

三峯神社に属し、神社に接する山のルートに、聖地になりえる場所が連なっています。それは「聖ルート」と呼んでもいいかもしれません。三峯神社を中心に展開する聖ルートは、縄文時代に源を発し、現在もつながっているのではないでしょうか。

もちろん、聖なる場所を祈りながら歩くことは、現在でも行われています。日本独自の山岳宗教・修験道は、まさにそれです。三峯神社も、一〇〇〇年以上の間、修験の行者たちが守る山の聖地でした。スタイルは仏教的、あるいは道教的だったとしても、その根源には、〝山の縄文文化〟[30]があったのではないかと思います。

三峯神社に参拝すると、本殿エリアはもちろん、一歩足を踏み入れるだけで気持ちいい！と感じますが、神庭洞窟、奥宮と奥宮に至る尾根道は、より心の奥深くに届くような気持ちよさがあります。それはひょっとしたら、縄文神社としての三峯神社の「核」に、近づけているからかもしれません。

30：山に暮らした縄文の人々は、山で生き抜くための技に長《た》けていただろう。山ならではの鉱物資源の採取なども盛んに行い、海辺の人々とも広く交易をしていた。

武甲山御嶽神社《ぶこうざんみたけじんじゃ》

秩父《ちちぶ》郡横瀬《よこせ》町

武甲山☞31は秩父盆地最大の聖地です。石灰岩があるために採掘されて山容を変え続けていますが、今もその風格は圧倒的。秩父盆地のどこからでも武甲山は見えますし、麓《ふもと》の横瀬町根古屋《ねこや》に鎮座する里宮《さとみや》から遥拝するだけでも感動しますが、実は登拝することもできるのです。

その山頂に鎮座するのが武甲山御嶽神社です。表参道を上っていく☞32と、沢筋には縄文時代にも珍重された緑泥片岩《りょくでいへんがん》☞33がゴロゴロとしており、随所で石灰岩を見かけます。このような豊富な鉱物資源を目にしていると、縄文時代から武甲山が特別な山として崇拝されてきた理由がわかる気がしました。

山頂からは、縄文時代の石斧《せきふ》などが出土しており、縄文の武甲山信仰の痕跡と考えられます。出土した遺物が「登拝」した人々の痕跡だとすると、根古屋の里宮のほかにも、「遥拝」するための聖地があったのでは？と、想像がふくらみます。

縄文に遡る武甲山信仰

☞31：西側は秩父市、東側は横瀬町にかかる。標高1295・4メートル。日本武尊《やまとたけるのみこと》が東征の際、山頂に武具・甲冑《かっちゅう》を奉納したため武甲山と名付けられたという伝承がある。妙見山とも呼ばれた。

☞32：一の鳥居からのコースでは登山口から約二時間ほどで山頂に到達できる。

☞33：石棒などに用いられた。青緑色が美しい名石で秩父青石ともいう。

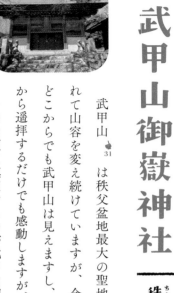

多氣比賣神社《たけひめじんじゃ》

桶川市《おけがわし》

多氣比賣神社の前方一帯は、畑や工場になっていますが、かつては篠《しの》津沼《づぬま》と呼ばれる湿地でした。周辺から後谷《うしろや》遺跡[34]が出土しており、縄文後期・晩期を中心に栄えた場所だったことがわかっています。

御祭神は豊葦建姫命《とよあしたけひめのみこと》。「篠や葦が茂った場所を守る神」という意味なので、おそらく篠津沼の女神だったのでしょう。小さな川のほとりののどかな里に、こんもりと社叢に守られた神社がある風景は、何とも言えず美しい。

この社叢は巨大な椎《しい》で、本殿の前に三本、左裏手に一本あり、境内の空を覆っています。巨木の樹齢は縄文まで届くものではありませんが、かつてはこの椎のように食料にもなってくれる豊かな雑木林があったことを偲《しの》ばせてくれます。土地の人は今も「姫宮さま」と呼ぶそうですが、その優しい響きは、恵み豊かな巨木に守られた小さな女神を連想させます。

椎の木に守られた篠津沼の女神

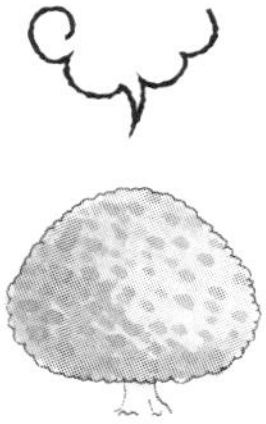

34：大集落遺跡。土偶や石棒をはじめとする多彩な祭祀道具、漆塗りの櫛《くし》や耳飾りといった装飾品も数多く出土した。

滝《たき》馬《ま》室《むろ》氷《ひ》川《かわ》神《じん》社《じゃ》

鴻巣《こうのす》市

大宮台地上では、荒川沿いに連なって遺跡が出土しています。

暴れ川と呼ばれる荒川には、川幅日本一とされる地点があり、滝馬室氷川神社は、その地点の側に鎮座しています。河川敷も含めての川幅日本一なので、普段の川幅はそれほど広くなく、河川敷には農地が広がり、滝馬室氷川神社の鳥居もその一画にあります。集落側にも入口がありますが、この河川敷の鳥居からお詣りすると、雄大な荒川を背後に、静謐《せいひつ》な聖地に近づいていくような感覚が高まって、最高に気持ちがいいのです。

本殿は参道正面の台地上にあり、崖斜面にある石階段の脇には、豊かな湧水池と小さな滝があります。集落の貴重な水源だったそうで、これがこの場所の根源なのは間違いないでしょう。河川と河岸段丘、湧水の組み合わせ。絵に描いたような、まさに縄文神社であり、同時に「ザ・氷川神社!」[35]な立地です。

大河に臨《のぞ》む湧水の神

35：氷川神社が鎮座する場所には共通点がある。創建された時期が新しくても段丘上にあり、Y字路の俣《また》の部分のような場所で、近くに水場や荒川の本流や支流があるというロケーションだ。そのため、縄文ロケーションともかなり重なる。

出雲祝神社《いずもいわいじんじゃ》

入間市《いるま》

埼玉県南西部に位置する狭山丘陵《さやまきゅうりょう》は、水源に恵まれ谷津も多く、絵に描いたような縄文ロケーションです。この環境は「さいたま緑の森博物館」[36]を中心に保全されており、博物館から徒歩五分の場所には、式内社論社《ろんじゃ》[37]の出雲祝神社が鎮座し、周辺では旧石器時代からの集落遺跡（狭山際《さやまぎわ》遺跡）や縄文前期の住居跡（滝入《たきのいり》遺跡）が発見されています。

出雲祝神社の鳥居の額には「寄木宮《よりきのみや》」とあります。御祭神が海に漂っていた樹木の種子をこの地に蒔《ま》いたことに由来する呼び名だそうですが、確かに周辺には、多様な樹種が生育する雑木林があります。その豊かさの理由を、神話として意味づけしたと思われ、この豊かな雑木林一帯が、御神体ではないかと思います。

一方、『武蔵の古社』（菱沼勇著）には、もともとの御神体は、長さ二三センチほどの石棒《せきぼう》の断片のようなものだったとあり、石神《しゃくじん》との接点もありそうです。

狭山丘陵を象徴する樹木の神

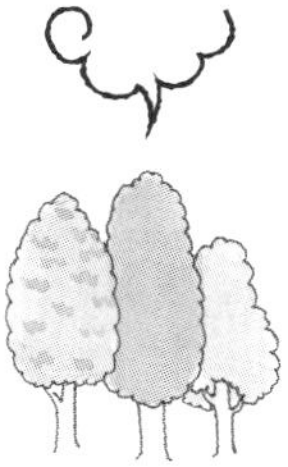

36：狭山丘陵の雑木林や湿地を含む里山の景観を保全し、野外展示する屋外型博物館。ハイキングコースを歩きながら里山の自然を体感することができる。

37：式内社と推定される神社が2社以上存在する場合、論社と呼ぶ。

1 東京

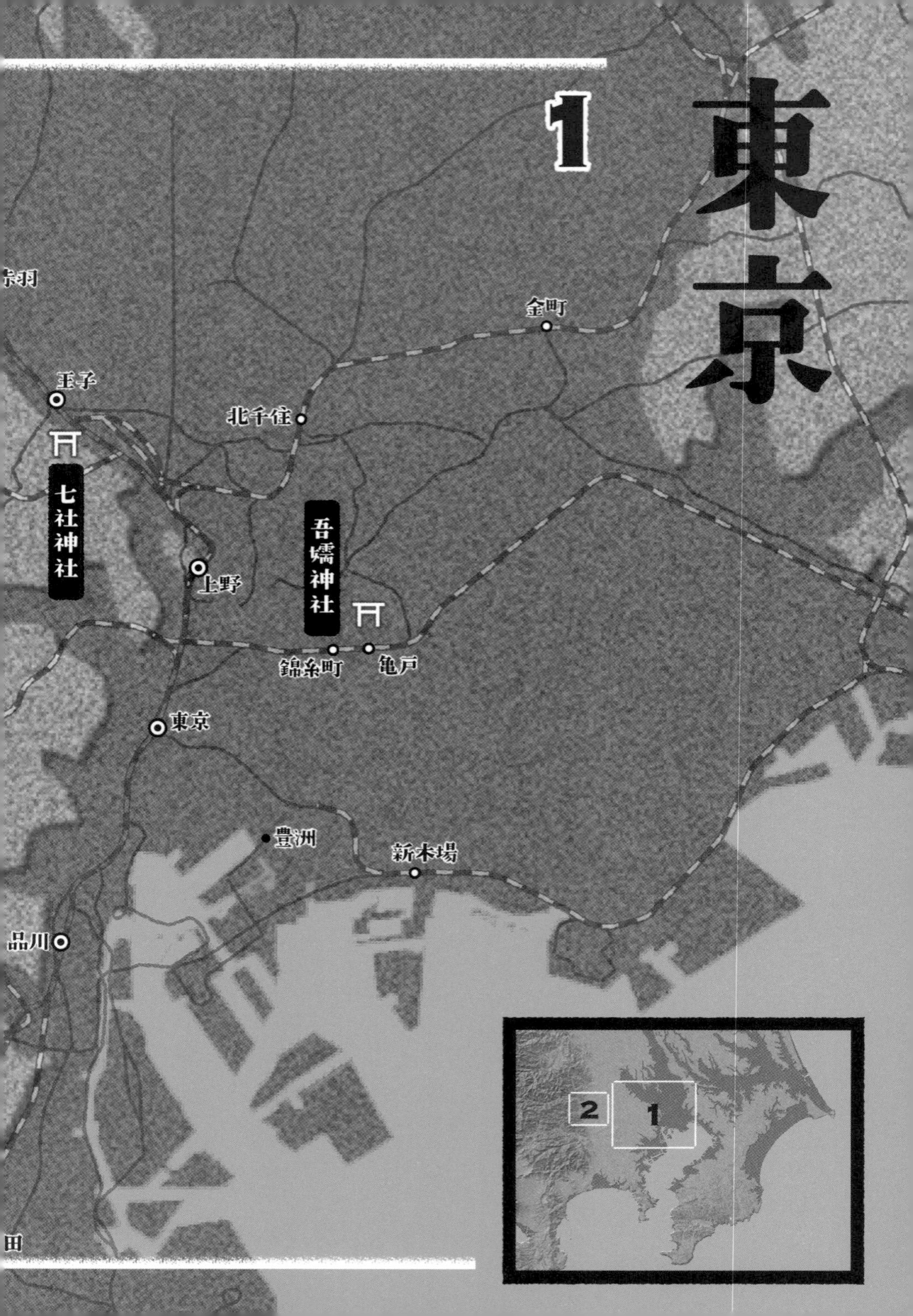

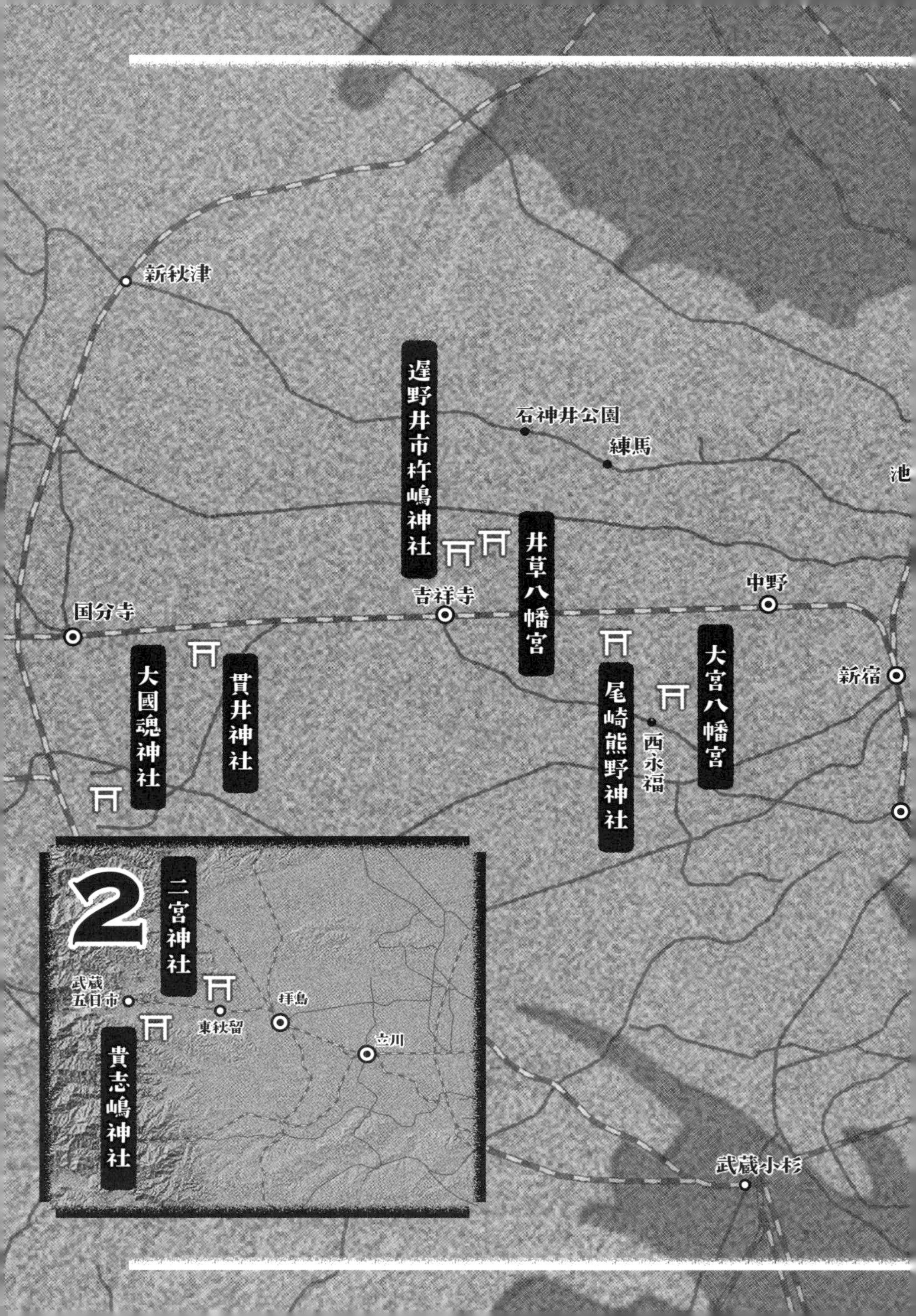
新秋津
遅野井市杵嶋神社
石神井公園
練馬
池
井草八幡宮
吉祥寺
中野
国分寺
大國魂神社
貫井神社
尾崎熊野神社
西永福
大宮八幡宮
新宿
武蔵小杉
2
二宮神社
武蔵五日市
東秋留
拝島
立川
貴志嶋神社

二宮神社《にのみやじんじゃ》

あきる野《の》市

東京で最も美しい場所

縄文神社の真髄《しんずい》を味わっていただくとしたら、私は、何はともあれ二宮神社をお勧めします。それぐらい、縄文神社ならではの要素がすべて存在している場所なのです。

遠くまで見渡せる台地上に鎮座していて、崖下には東京の名湧水《めいゆうすい》五七選[1]にも選ばれる湧水が池を成しています。静かで平らかな境内《けいだい》には、端正な本殿と摂社《せっしゃ》が鎮座し、境内から発掘された縄文土器を見ることができる二宮考古館まで隣接しているんです。……最高です。最高としか言いようがありません。

東京で最も美しい場所は？と問われても、私は即座に「二宮神社です！」と答えるでしょう。初めて参拝した時からすっかりやられてしまいました。二宮神社の美しさというのは、地中から湧《わ》き上がってくるような、しみじみと滋味《じみ》深い美しさなのです。

1：東京都では608地点で湧水が確認されているが、消失や枯渇の問題が生じており、保護と回復を図るために選定された。

片目の女神と水の聖地

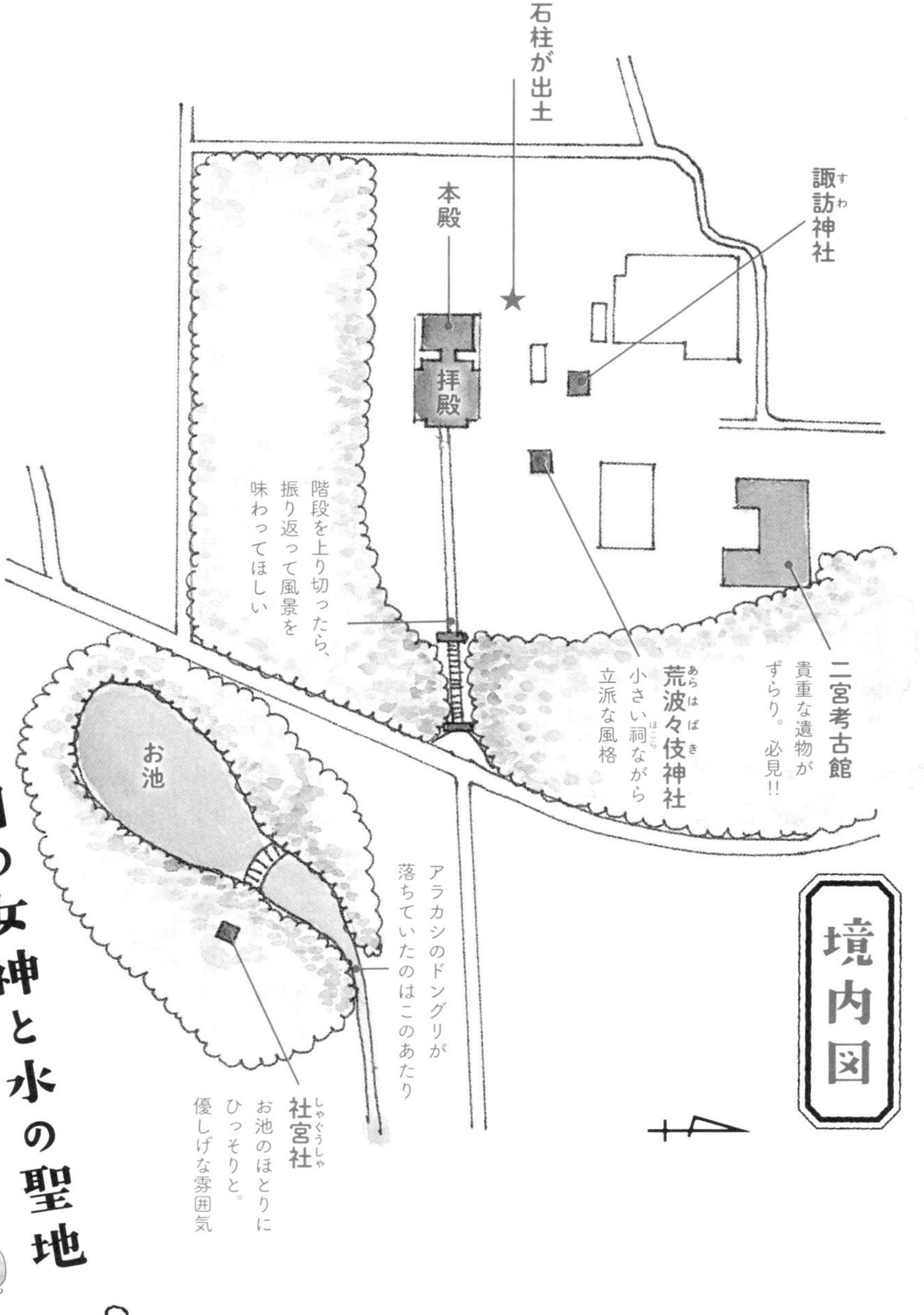
境内図
石柱が出土
諏訪《すわ》神社
本殿
拝殿
階段を上り切ったら、振り返って風景を味わってほしい
二宮考古館
貴重な遺物がずらり。必見!!
荒波々伎《あらはばき》神社
小さい祠《ほこら》ながら立派な風格
お池
アラカシのドングリが落ちていたのはこのあたり
社宮社《しゃぐうしゃ》
お池のほとりにひっそりと。優しげな雰囲気

なごやかで優しい湧水の聖地

東京都西部に位置するあきる野市は、東は多摩川《たまがわ》本流、西は関東山地、北端は平井《ひらい》川、南端は秋川《あきかわ》流域に接して秋留《あきる》台地があり、二宮神社は、この秋留台地上にあります。

崖下の鳥居の手前に、びっくりするほど美しい湧水池「お池」があります。駅前の住宅街にあるとは思えないほど透明で、泳ぐ錦鯉がまるで宙を浮いているように見えます。池から流れ出る小川には、アラカシ[2]のドングリが落ちていました。コロコロと川床で揺れる姿は、キラキラと輝いて宝石のよう。池を泳ぐぷりぷりに肥えた鯉、美しい樹木、木陰《こかげ》で一休みしているご近所の方の穏やかな表情……。このすべてが、二宮神社らしい光景であり、重要な要素なのです。

二宮神社は、武蔵国《むさしのくに》の総社《そうじゃ》[3]である大國魂《おおくにたま》神社[4]に二之宮として祀《まつ》られているので二宮神社と呼ばれるようになりましたが、もとは、「小河大神《おがわのおおかみ》」あるいは「小河大明神《だいみょうじん》」と呼ばれていました。

「小河」の「小」は「お」で、接頭語と考えていいと思います。例えば「お山」の「お」と同じで「お」は敬意を込めた意味を付加するだけで、そのものに意味はありません。この「お・がわ」も同様に、「カハ（ワ）」の意味だけをとればよさそうです。

2：常緑広葉樹。ブナ科コナラ属。実（どんぐり）がなるが、食べるにはあく抜きが必要。

3：国や郡などの地域にある神社の祭神を、1カ所にまとめて祀った神社を総社という。惣社とも。平安時代に国府に近い場所に国内の神社を一堂に集めて祀ったことに由来する。

氷川神社の項（38ページ）でも触れたように、古くは「カハ（ワ）」とは、「泉や池」を意味したとすると、「お・がわ」は「お泉」「お池」となります。つまり「小河」は、湧水池「お池」を指しており、小河明神と呼ばれた二宮神社の根源は、この「お池」と考えていいでしょう。

4：106ページ参照。

お池

見晴らしの良さと優しい風

二宮神社の境内は、縄文草創期以降の複合遺跡です。縄文時代の初めから今に至るまで、途切れることなくずっと祈りの場だったことが、事実としてわかる貴重な縄文神社です。

二宮神社には、縄文神社を感じられるポイントがたくさんあります。とにかく圧倒的なのは、すでにご紹介した「お池」ですが、次にぐっと気持ちが上がるのは、境内から見える風景です。

お池のある場所から車道をまたぎ、鳥居をくぐって急な石段を上り切ったところで、くるっと後ろを振り返ります。すると、想像を大きく超えて、遠くまで市街地が一望できます。どこまでも広がっていくような開放感、そして同時に安心感を覚えます。実に穏やかな空間が目の前に広がるのです。

そしてこの場所に立つと、優しい風がスッと抜けていきます。実はこの優しい風というのも、縄文神社の特徴の一つです。縄文神社は清らかで、空気が澄んでいますが、ひょっとしたらこの風通しも関係しているのかもしれません。

ゆったりとした境内の真ん中に、これまたゆったりと本殿がたたずんでいます。こちらの本殿は江戸時代に建立《こんりゅう》されたもので、中には室町時代の宮殿《くうでん》[5]がおさめられているそうです。そして本殿に向かって右（北側）には、末社《まっしゃ》が点在しています。本殿の正面はほぼ東を向いており、まっすぐの方向には、多摩川本流があります。

畏《おそ》れ多くも可愛《かわい》すぎる神々の姿

二宮神社の創建は不詳ですが、日本武尊《やまとたけるのみこと》が主祭神を祀ったと伝わっているので、時期的には三峯《みつみね》神社と同じくらいのことでしょう。しかし縄文遺跡が発見されていますから、日本武尊以前に、祭祀《さいし》を行っていた人たちがいたことは確かです。この地で祭祀をしていた人々は、どんな人たちだったんでしょうか。

二宮神社の素晴らしいところは、境内に「二宮考古館」があることです。ここに縄文遺跡があったと想像するだけではなくて、出土したものをすぐさま見られるんです

5：高さ約190センチの小さな本殿建築。室町後期以前の様式が見られる。

から。出土したものは、実際に縄文の皆さんが使っていたものですからね。その様子を想像するには、最高のセッティングです。

考古館を訪れると、実に様々な様式の土器が出土していることに驚きます。関東を中心に、各地・各時代の土器がまんべんなくあります。この多彩さが、様々な文化がこの場所にあったことを伝えてくれます。きっといろいろな場所からやってきた人たちが交流し、あるいは共住していたのでしょう。

この中で、特に釘づけになってしまうのは、蛇体装飾付土器《じゃたいそうしょく》と、顔面把手《がんめんとって》です。

蛇は縄文土器によくあらわされるモチーフですが、「脱皮をして成長する蛇は再生の象徴と考えられた」「嚙《か》まれると死を迎えることになる蛇は、恐怖の対象だった」と説明されます。前者はわかります。動かなくなって死んだかと思ったら、古い皮を脱ぎ捨てて、より美しく、元気いっぱいになって動き出す蛇が信仰の対象になるのは、なるほど……と思います。でも「恐怖の対象」と言われると、ちょっと腑《ふ》に落ちません。

確かに毒蛇は恐ろしい存在です。しかし、日本列島に棲《す》む蛇（南洋諸島除く）で、毒を持っている種類はそう多くありません。マムシ[6]とヤマカガシ[7]くらいです。それに、マムシもヤマカガシも無暗《むやみ》に嚙みつくような蛇ではありません。子どもの頃、武蔵野の雑木林で遊びまわっていた私としては、足元が見えない場所を無防備に歩いては危ない、もし遭遇したら、絶対に距離を間違えてはいけないと思っていましたけ

6：ニホンマムシ。トカラ海峡以北の日本全国に生息する小型の毒蛇。頭部は三角形で、暗褐色の銭形斑紋《ぜにがたはんもん》が特徴。

7：本州、四国、九州、大隅諸島に分布する。長らく無毒と考えられてきたが、上顎《じょうがく》の奥に出血性成分を分泌する腺《せん》があり、頭部にも炎症を起こさせる液があることがわかった。

ど、「恐怖の対象」ではありませんでした。

個人的な経験が根拠で恐縮ですが、子どもの私ですらそう考えていたんです。縄文の人々は生物についてもっと詳しかったでしょうし、無暗に恐ろしがるのではなく、的確な畏れを持っていたんじゃないかと思われてならないんです。

それに、見てください。どう見ても可愛い。恐怖の対象に対して、こんな絶妙に可愛いバランスのデフォルメをするでしょうか。

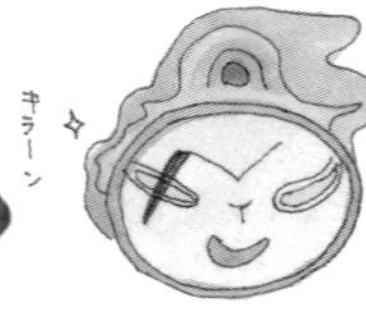

顔面把手（片目の）
ちょっとニヒルな微笑み

顔面把手
あくびをしているようなのどかなお顔

蛇体装飾付土器
デフォルメ方向が、全然怖くない

（3点とも二宮考古館蔵）

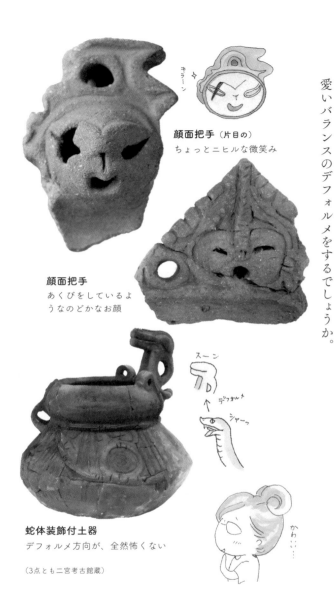

顔面把手の方も、可愛いですよね。この顔は、蛙《かえる》とも人とも、水の女神をあらわすとも言われます。この顔面把手は、片目がつぶれている点が特殊ではあるんですが、いずれにしても「畏れ多い」と思うよりも、「可愛らしい」という思いが先に立ってしまうんです。皆さんはいかがでしょうか。

縄文土器にあらわされる生きものは、縄文の人々の信仰の対象であり、神の姿と言っていいと思います。でもその姿を見ていると、神への畏れだけでなく、同じくらい強い愛情を感じます。愛しい、慕わしいといった気持ちの籠《こ》もった造形に思えてならないんです。

考古館で展示されている土器を見ていると、小河に暮らした縄文の人々が、感謝や愛情を籠めて、この場所や神に対していたことがよくわかります。その愛情深く、穏やかなイメージは、お池で見かけたご近所の皆さんの姿と重なるのです。

シャクジンとアラハバキ

考古館で縄文の神に思いを馳《は》せつつ、もう一度境内に戻ります。実はまだまだ縄文の神の気配を伝えてくれるポイントがあるのです。

顔面把手のような土器は祭祀器ですが、この土器と同時代のものとして、決定的なものが出土しています。本殿の北西付近で、柱状の石が立った状態で発見されたというのです。

立石《たていし》は、何らかの宗教的な目的で用いられたと考えられています。それが本殿の側から出土したというのは、決定的です。巨石[8]や玉石、人工的に磨かれた立石や石《せき》棒《ぼう》・石刀などに宿る神霊に対する信仰を、「石神《いしがみ》」あるいは「石神《しゃくじん》」と呼びますが、この柱状石はその石神じゃないでしょうか。

そして、シャクジンを祀っていると思われる場所が「お池」のほとりにもあるのです。「社宮社《しゃぐうしゃ》」という祠《ほこら》で、おしゃもじ様と呼ばれているんだそうです。おしゃもじは、ご飯をよそう「杓文字」のことですが、シャクジン（石神）と音が似ているので、同一視されたと考えられています。「お池」のほとりにあるということは、シャクジンが、二宮神社の根源に触れるエッセンスを持つ神ということかもしれません。

シャクジンは縄文由来の神として有名ですが[9]、同じくらい有名なのが、氷川神社（36ページ）でも登場したアラハバキの神です。この二宮神社にも「荒波々伎《あらはばき》神社」があるのです。

本殿に向かって右側。小さいですが立派な祠です。右側には木札と一緒に草履《ぞうり》がつるしてあります。アラハバキの神は、近世以降は足の神として旅人からも崇拝《すうはい》されたので、その名残《なごり》でしょうか。そして考古館との間に末社・諏訪《すわ》神社が鎮座しています。諏訪神社は縄文文化の中心地、諏訪大社[10]の分霊です。

8：考古学的には巨石への祭祀が明確になるのは、古墳時代以降とされる。

9：ミシャグチ（ジ）とも呼ばれる。中部山岳地帯を中心に関東一円に広がっている信仰。根源は諏訪の守矢《もりや》氏が祀る神で、石棒への信仰をともなうので、その起源は縄文中期まで遡《さかのぼ》るのではないかと推定される。

10：祭神は諏訪大明神（建御名方神《たけみなかたのかみ》と八坂刀売神《やさかとめのかみ》、八重事代主神《やえことしろぬしのかみ》）。信濃国《しなののくに》一宮で名神《みょうじん》大社。諏訪湖を挟んで北に下社、南に上社が鎮座する。上社に本宮と前宮、下社に春宮・秋宮があり、合わせて諏訪

郵便はがき

63円切手を
お貼り
ください

101-0003

東京都千代田区一ツ橋2-4-3
光文恒産ビル2F

(株)飛鳥新社　出版部　読者カード係行

フリガナ	性別　男・女
ご氏名	年齢　　歳
フリガナ	
ご住所〒 TEL　（　　）	
お買い上げの書籍タイトル	
ご職業　1.会社員　2.公務員　3.学生　4.自営業　5.教員　6.自由業　7.主婦　8.その他（　　）	
お買い上げのショップ名　　所在地	

★ご記入いただいた個人情報は、弊社出版物の資料目的以外で使用することはありません。

このたびは飛鳥新社の本をご購入いただきありがとうございます。

今後の出版物の参考にさせていただきますので、以下の質問にお答え下さい。ご協力よろしくお願いいたします。

■この本を最初に何でお知りになりましたか
1.新聞広告（　　　　　　新聞）
2.webサイトやSNSを見て（サイト名　　　　　　　　　　）
3.新聞・雑誌の紹介記事を読んで（紙・誌名　　　　　　　　　　）
4.TV・ラジオで　5.書店で実物を見て　6.知人にすすめられて
7.その他（　　　　　　　　　　）

■この本をお買い求めになった動機は何ですか
1.テーマに興味があったので　2.タイトルに惹かれて
3.装丁・帯に惹かれて　4.著者に惹かれて
5.広告・書評に惹かれて　6.その他（　　　　　　　　　　）

■本書へのご意見・ご感想をお聞かせ下さい

■いまあなたが興味を持たれているテーマや人物をお教え下さい

※あなたのご意見・ご感想を新聞・雑誌広告や小社ホームページ上で
1.掲載してもよい　2.掲載しては困る　3.匿名ならよい

ホームページURL http://www.asukashinsha.co.jp

それにしても、すごい。日当たりが良くて見晴らしの良い台地上の立地、湧水、境内に祭祀跡をともなう縄文遺跡、シャクジンとアラハバキの神のお社、そして諏訪神社……。縄文神社の要素、コンプリートですよ。私の妄想《もうそう》は、ほぼ必要ありません。

片目の水の女神

ところで、二宮神社の神様について気になる伝承を見つけました。二宮の神様は水の神で、片目だというのです。さらに、こんな伝承もあります。

ある僧侶が二宮神社を通った際、巨大な蛇が道をふさいでいた。涙をため、苦しんでいる蛇に、「喉《のど》にモノでも刺さったのか？」と聞くと素直に頷《うなず》く。僧侶が勇気を出して口の中を覗《のぞ》くと、とげが刺さっていたので抜いてあげた。すると、蛇はたちまち姿を消し、白髪《はくはつ》の老人（翁《おきな》）☛11があらわれた。

「我は二宮明神なり。望むものは必ず与えよう」と言うので僧侶が水を望むと、「これから水に困るようなことはない」と告げた。僧侶は寺を開創するが、境内には水が湧いて、その後、水に困ることはなかったという。（『秋川市史』部分要約）

これらの伝承から考えると、二宮の神様は「片目の水神で、本体は蛇」と考えられ

大社と称する。いずれも本殿と呼ばれる建物がなく、秋宮と春宮は御神木、上社は守屋山《もりやさん》を御神体として祀っている。

☛11：シャクジンやシュクジン（宿神）といった神は、中世以降、翁（老人）となって姿をあらわすことが多い。

ていたことが読み取れます。そうなってくると、考古館で見た蛇体装飾付土器と顔面把手のイメージが重なってしまうのです。

この伝承を伝えてきた人たちは、昭和になって出土したあの土器を知らないのですから、関連づけするのもどうかなと思います。しかしここまで重なると、どうしても連想してしまいます。

そして、アラハバキ社は「門客人《もんきゃくじん》神社」として祀られることがあるのですが、門客人神社の神は片目（眇《すがめ》）とされることが多いのです。ここでもまた、イメージが重なってしまいます。

このように浮かび上がるイメージは妄想とも言えますが、大切なものだと思います。時代や文化背景は変化しても、何か共通するものがあると、私の本能が感じているのかもしれません。そのイメージの中の共通したものを抽出していくと、核（本質）が残る——といったように。

日本の神様は本来、偶像として表現されるものではありませんでした[12]。しかし仏像が大好きで、偶像崇拝傾向の強い私としては、今やすっかり土器にある片目の水の女神と蛇の姿が、二宮神社の神様のイメージになってしまいました。

そのイメージは、私が二宮神社全体に感じる〝美しさ〟ともつながっています。清らかで滋味深い、片目の水の女神。生命を育《はぐく》む、小さくも偉大な地母神《じぼしん》です。

12：日本では山や滝、木といった自然物への信仰や、鏡や刀のような器物への信仰が主で、礼拝対象として偶像を持たなかった。神を人形《ひとがた》にあらわすようになったのは、仏教伝来以降である。

貴《き》志《し》嶋《じま》神社

あきる野市

弁天山《べんてんやま》[13]にある小さなお社《やしろ》ですが、麓《ふもと》に展開する谷津《やつ》地形、中腹の洞窟、見晴らし抜群な山頂と、〝山の縄文神社〟の要件がギュッと詰まった貴重な場所です。麓の網代《あじろ》地区からは縄文中期を中心とした遺跡が出土しており、縄文時代から人々が暮らし、弁天山に対する信仰があったことを想像させます。

元は網代貴志嶋弁財天社《べんざいてんしゃ》と呼ばれており、弁天をお祀りしたということは、山中に水源があったのでしょう。本殿から一〇分ほど登ると、奥の院とされる洞窟があり、こちらからは縄文末期あるいは弥生初期と考えられる遺物が確認されています。

山頂には磐座《いわくら》[14]があり、山々と秋川の美しい流れが一望できます。山道から歩いていくのもいいですが、中腹本殿の正面に出る表参道を登っていくと、谷津地形から沢筋《さわすじ》をたどることができ、縄文神社らしい風景に触《ふ》れながら歩くことができます。

コンパクト版〝山の縄文神社〟

13：あきる野市南部にある低山で標高292メートル。武蔵《むさし》増戸《ますこ》駅（JR五日市線）から山頂まで徒歩40分。

14：もともとは祭りの際に神の依り代とされる岩石を指したが、のちに岩石そのものを御神体として祭祀対象とするようになる。

遅野井市杵嶋神社《おそのいいちきしまじんじゃ》

杉並区《すぎなみく》

都内河川の「水源」に注目

縄文遺跡が集中している場所は、ざっくり言えば大きな河川の本流よりは支流、河岸段丘《かがんだんきゅう》の周辺で、東京もその例外ではありません。都内の遺跡を調べていると、やはり小さな河川沿いに遺跡が集中しており、その場所を確認しながら遡《さかのぼ》っていくうちに気づいたんです。そうか、東京は都内に水源をもつ川がけっこうあるぞ、と。

例えば神田川《かんだがわ》沿《ぞ》いも縄文遺跡がたくさん発見されていますが、その水源は井《い》の頭池《かしらいけ》で、周囲には多くの遺跡があります。同様に縄文遺跡がたくさん出ている妙正寺川《みょうしょうじがわ》流域の水源は妙正寺池で、やはり周囲に遺跡がありますし、同じ

善福寺池図

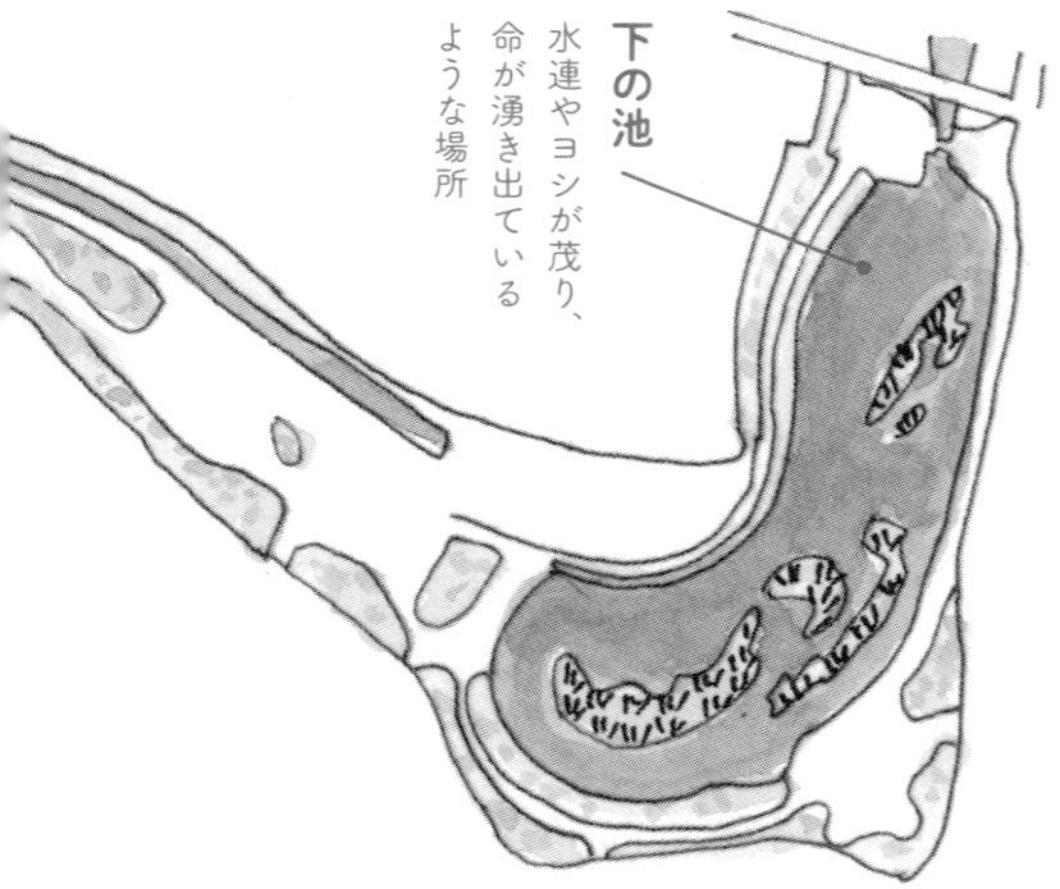
下の池
水連やヨシが茂り、命が湧き出ているような場所

く流域に縄文遺跡がたくさんある野川《のがわ》の水源は、日立製作所中央研究所内の池と姿見《すがたみ》の池などの湧水池ですが、周りには恋ヶ窪《こいくぼ》遺跡（国分寺市）などがあります。

改めて考えたら、東京は水資源に恵まれていますよね。利根川《とねがわ》や荒川《あらかわ》、多摩川《たまがわ》といった大河ばかり意識してしまいますが、その支流もたくさんありますし、山麓《さんろく》を水源とする川だけでなく、台地下の湧水を水源とするものも実に多いのです。

杉並区を北西から南東に流れて中野区で神田川に合流するのが、善福寺川《ぜんぷくじがわ》です。

善福寺川の水源は、杉並区北西部にある善福寺池です。神田川と同じく善福寺川流域はびっくりするほど縄文遺跡だらけで、当然ながらその根源である善福寺池の周辺も、ぐるっと縄文遺跡です。そして、その善福寺池には、遅野井市杵嶋神社が鎮座しています。

善福寺川の母なる女神

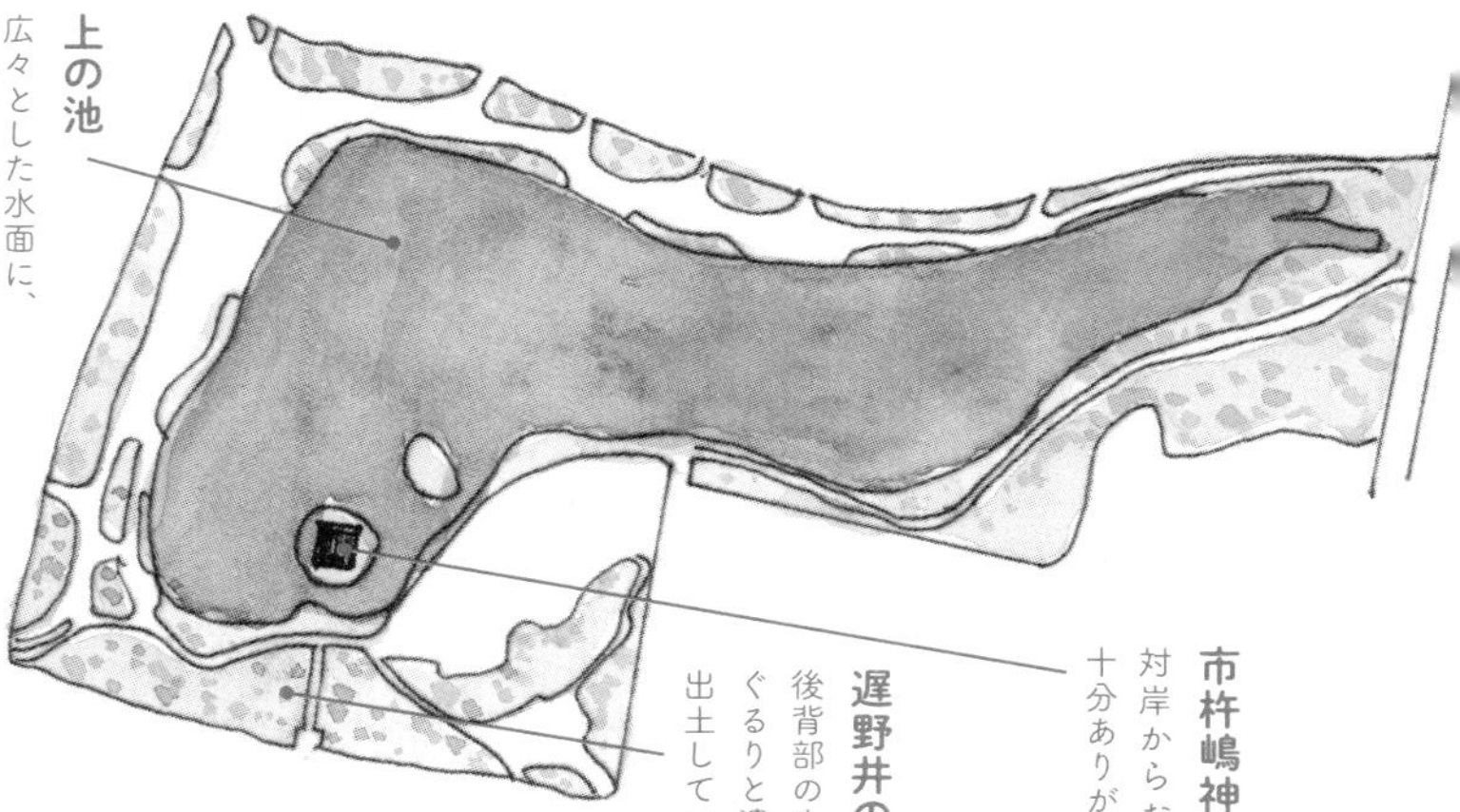
広々とした水面に、一瞬東京にいることを忘れてしまう
市杵嶋神社
対岸からお詣り。十分ありがたい
遅野井の滝
後背部の高台からぐるりと遺跡が出土している

善福寺川の母なる湧水・遅野井

善福寺池は、下の池と上の池の二つの池で構成されていて、都立善福寺公園として整備されています。下の池は、水蓮が水面を覆い、ヨシが群生し、水鳥もたくさん飛来しています。ウォーキングをしている人も多いのですが、とにかく広々としているので、人も鳥もそれぞれ幸せそう。下の池も上の池も、とても気持ちのいい場所です。ただぼーっとそこにいるだけで、緊張がほどけていくような気がします。

水源は、上の池の最奥《さいおう》にあり、「遅野井」と呼ばれています。この「遅野井」こそ、善福寺川流域の母なる存在です。善福寺川流域の住民にとって、自分たちの暮らしを育む川の源ですから、どの時代においても崇敬《すうけい》されていたであろうことは、想像できます。

現在の遅野井は、滝状の小さな泉です。説明板に「この滝は往時の湧水の涌き出し口遅野井を滝の形で復元したものである（後略）」と書いてありますから、自然湧出だけではなさそうですが、この泉がかつて、武蔵国を支える水源の一つだったことに変わりはありません。

そして、遅野井の背部は高台になっており、旧石器から始まる善福寺周辺遺跡が発見されています。

高台と豊かな湧水ですから、バッチリ縄文ロケーション。縄文の皆さんも住みたいと思うに決まっていますね。ちなみに、遺跡が発見されたのが明治時代だったため、発掘が少々フリースタイルだったようで、不明な点も多いのですが、旧石器時代や縄文時代の石器、中期を主として縄文土器、土偶《どぐう》も出土しています。

遅野井市杵嶋神社

池の島に鎮座する「水の女神」

この遅野井の手前、池の中の小島に遅野井市杵嶋神社があります。御祭神は名前の通りで市《いち》杵嶋姫命《きしまひめのみこと》です。「イチキ」は「斎《いつき》」で、「イチキシマヒメ」は、「島の神に仕《つか》え祀る巫女《みこ》」という意味です。祀る側でしたが、いつしか巫女自身が神に転じたということですね。江戸時代までは、仏教の女神・弁才天《べんざいてん》が祀られていたそうなんですが、弁才天は本地垂迹説《ほんじすいじゃくせつ》[15]によると、市杵嶋姫命と同体と考えられます。いずれの表現にしても、その本質は「水の女神」です。

神社のある小島へは、石橋の痕跡はあるので

15：仏教のほとけ（神仏）が人々を救うために姿を変え、日本の神となってあらわれたとする神仏同体の説。そのため日本の神々の多くには「本体」とされるほとけがあり、これを「本地」と呼ぶ。

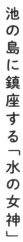

すが、今は外《はず》されています。一瞬残念に思いつつ、「この橋の構造がむき出しで渡れない感じが、むしろいいかも」と思い直しました。いいんです、渡れなくって。お社と自分の間に、善福寺池の水があって近寄れない、そういう感じでいいんです。

私は、全国の寺社仏閣を訪ね歩くうちに、生来のビビり気質に加えて、妄想力が豊かになったせいか、遠くから拝観するだけで感動できるようになりました。いえ、むしろ遠くから、よくわからないままの方が、下手に踏み込むよりも本質を感じられる気がしています。

遅野井の滝

我ながらなんだかよくわからない心境になりながら、ひとり頷く私。橋の袂《たもと》からかしわ手を打って、静かにお詣《まい》りしました。

カワウソ神と水の巫女

「遅野井」は、このあたりの古い地名でもありました。現在の上井草《かみいぐさ》、善福寺、今川地区全域が遅野井村と呼ばれていたそうで、かなり広範囲です。そう思うと改めて「遅野井」の意味が気になりますよね。

「遅野井」には、源頼朝《みなもとのよりとも》にまつわる逸話が語源として伝わっています。奥州《おうしゅう》征伐[16]の折にこの地に陣を張り、水を求めて七カ所も掘ったのですが水の出が遅く、弁才天に祈ってようやく水を得た――この「遅い水」が語源になったということなのですが、ちょっとこじつけのような気がします。「遅」いではなくて「おそ」にもともとの地名のエッセンスが入っているのではないでしょうか。

『杉並区史』にも、「オソノ井の称はアイヌ語で、附近の石器時代遺跡を残した人々によつて命名されたと推定する人もあるが、吾人は遽《にわ》かに左袒《さたん》できない。蓋《けだ》しわが国の各地に類似の古地名があつて、於曽郷《おそごう》（甲斐国《かい》）、獺郷《おそごう》（相模国《さがみ》）、獺沢《うそざわ》（陸中国《りくちゅう》）等がそれであり、恐らく原始的な土語から起つていると推察する」（ルビは筆者）とあります。

オソは、古くは細い川の流れのことも意味したそうですから、滝のように細く湧き出す泉だったのかもしれません。あるいは、カワウソ（獺）は、もともと「おそ」と呼ばれていたので、そのままカワウソの意味かもしれませんね。そう考えると、一気に可愛い感じがしてしまいますが、昔は、カワウソは妖怪になったりもしていますから[17]ちょっと怖い存在でもありました。カワウソのウソは、「オソロシイ」の「オソ」

16：1189年（文治《ぶんじ》5）、源頼朝が源義経《よしつね》を匿《かくま》っていることを口実に、奥州藤原氏を征伐した。文治5年奥州合戦とも言う。

17：カワウソは人を化かすという伝承があり、地域によっては河童《かっぱ》の一種と考えられた。柳田國男『妖怪名彙《めいい》』にノビアガリ（伸上り、見るほど高くなる化物）はカワウソが化けるとある。

が語源だという説もあります。

オソロシイというのは、畏れのことでもあります。カワウソが妖怪になったりするのは、彼らに神秘的なパワーがあると考えた感性があったことを意味します。

そんなことを考えていたら、ついつい、カワウソの姿をした水の神、というイメージが浮かんできてしまいました。全然怖くない。可愛い……。

私の中で、遅野井の神様は、すっかりカワウソ神の姿になってしまったのですが、遅野井を水源とする池の島に鎮座するイチキシマヒメ（弁才天）は、そうなるとカワウソの神に仕える「水の巫女」だったんじゃないか……というイメージが湧いてきます。

縄文時代の武蔵野には、カワウソはもちろん、様々な動物が生息していたでしょう。現在ではカワウソはいませんし、縄文とは違う環境ではあります。でも遅野井、そして善福寺池には、縄文と今をつなぐ何かが確かにあると感じています。

井草八幡宮《いぐさはちまんぐう》

杉並区《すぎなみく》

井草八幡宮は、遅野井市杵嶋神社の本務社にあたります。遅野井市杵嶋神社から歩いて一〇分ほど。善福寺川の蛇行部分北側の台地上にあります。明治までは、井草八幡宮ではなく、遅野井八幡宮と呼ばれていました。境内には、都内でも有数の広大な社叢《しゃそう》があり、住宅地にあるとは思えぬ別世界感があります。一歩境内に入るとゆるんだ頬《ほお》も引き締まるような、きりっとした空気に包まれます。いかにも八幡宮らしい、重厚なお社です。

井草周辺は、縄文草創期後半からの遺跡[18]があり、境内の東側からも、縄文中期を中心とした住居跡が発見されています。たくさんの土器が出土しましたが、中でも注目すべきは、祭祀器である「顔面《がんめん》把手《とって》付《つき》釣《つり》手《て》形《がた》土器」がほぼ完全形で出土していること。縄文中期にはこの地で祭祀が行われていたことを証明していると言っていいでしょう。ちなみに現在は、国の重要文化財に指定され、御神宝として祀られています。

縄文土器を御神宝とする名社

18：井草八幡宮境内の北東300メートルほどの地域に広がる。今は暗渠《あんきょ》となった井草川の湧水地点を取り囲むように発達した台地上にあった。早期後半の標式土器となった井草式土器が出土している。

顔面把手付釣手形土器
（井草八幡宮文華殿蔵）

大宮八幡宮《おおみやはちまんぐう》

杉並区《すぎなみく》

縄文遺跡だらけの善福寺川中流域で、最大の聖地である大宮八幡宮は、境内は約一万五〇〇〇坪と都内で三番目の広さを誇ります。

本殿を正面にして右手のエリア、善福寺川沿いの北門周辺から、弥生時代の遺跡や族長の墓が発掘されており[19]弥生から現代まで祭祀が継続されていることで有名です。しかし実はこの区域からは、弥生だけではなく、旧石器以降の遺物が出土しているので、弥生以前から聖地だった可能性が高いと思います。

大宮八幡宮の境内は重厚な雰囲気ですが、同時におおらかな空気が漂います。そんな空気の中でも特に優しげなのがこの北門周辺です。それはひょっとしたら善福寺川のもたらす穏やかな風のおかげかもしれません。善福寺川を挟んだ対岸には、杉並区内最大級の集落遺跡[20]があり、土偶や石棒も出土しています。

善福寺川流域で最大の聖地

19：四角の溝で区切って、盛土《もりつち》をした弥生時代の墓を方形周溝《ほうけいしゅうこう》墓《ぼ》と呼ぶ。大宮遺跡からは3基の周溝墓が出土し、朱塗りの壺や勾玉《まがたま》が副葬されていた。族長墓と考えられ、大宮八幡宮の始源と推定されている。

20：松ノ木遺跡。区内最大規模の集落遺跡で中期、弥生後期、古墳時代の住居跡が出土した。善福寺川対岸にある大宮遺跡で方形周溝墓を残した一族のムラだった可能性がある。

尾崎熊野神社《おさきくまのじんじゃ》

杉並区《すぎなみ》

大宮八幡宮から善福寺川を二キロほど上流に遡った舌状《ぜつじょう》台地[21]にたたずむお社で、境内から縄文前期の遺跡が発見されています[22]。社名の「尾崎」は小さな崎という地形をあらわすと同時に、「御崎」、つまり聖地を意味する言葉だったのではないでしょうか。

境内はこぢんまりとしていますが、爽やかで、実に気持ちのいい空間です。そしてなんといっても、御神木のクロマツがすごい。鱗《うろこ》のように割れた樹皮が生命力に溢れ、まるで巨大な爬虫類《はちゅうるい》を目の前にしているような心持ちになります。

こちらの御祭神は樹木や植林の神々[23]なのですが、太古にこの地で樹木への信仰があったことを、この神々の中に継承したのではないかと想像します。そしてこのクロマツも継承者です。樹齢四〇〇年とのことなので、縄文には遠く届きませんが、この地の本質を象徴する存在なのではないかと思います。

〝御崎〟にたたずむ樹木の神

21：舌のような形で平地につき出している台地の末端部分のこと。

22：尾崎熊野神社境内遺跡。区内で唯一の縄文前期住居跡が出土した。

23：五十猛神《いそたけるのかみ》、大屋《おおや》津比咩《つひめの》命《みこと》、抓津《つまつ》比咩《ひめの》命《みこと》。

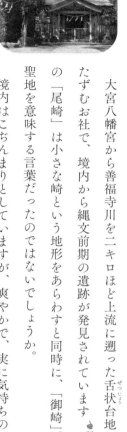

七社神社《ななしゃじんじゃ》

北区《きたく》

閑静な住宅街にたたずむ優しいお社

東京都心部の台東区や北区からも、多くの貝塚《かいづか》や縄文遺跡が発見されています。しかし縄文神社としてなかなかご紹介できないのは、中世以降の歴史的レイヤーが濃すぎるから。特に江戸時代以降の開発で、多くの神社が遷座《せんざ》したり、合祀《ごうし》されてしまった影響も大きいのです。

江戸っ子自慢の桜の名所・飛鳥山《あすかやま》公園近くの住宅街に鎮座する七社神社も、そういった神社の典型です。もともとは一本杉神明宮《いっぽんすぎしんめいぐう》の社地でしたが、無量寺《むりょうじ》境内（現・旧古河《ふるかわ》庭園周辺）にあった七社神社をこちらに遷座したとのことで、境内に祀られている天祖《てんそ》神社が、その一本杉神明宮だそうです。

天祖神社以外にも複数の神社が祀られているのですが、その光景には調和があり、窮屈な感じはまったくありません。むしろ、神々が集合して談笑しているような、朗《ほが》らかで安定した空気に満ちています。

東京湾に接する縄文遺跡密集地帯

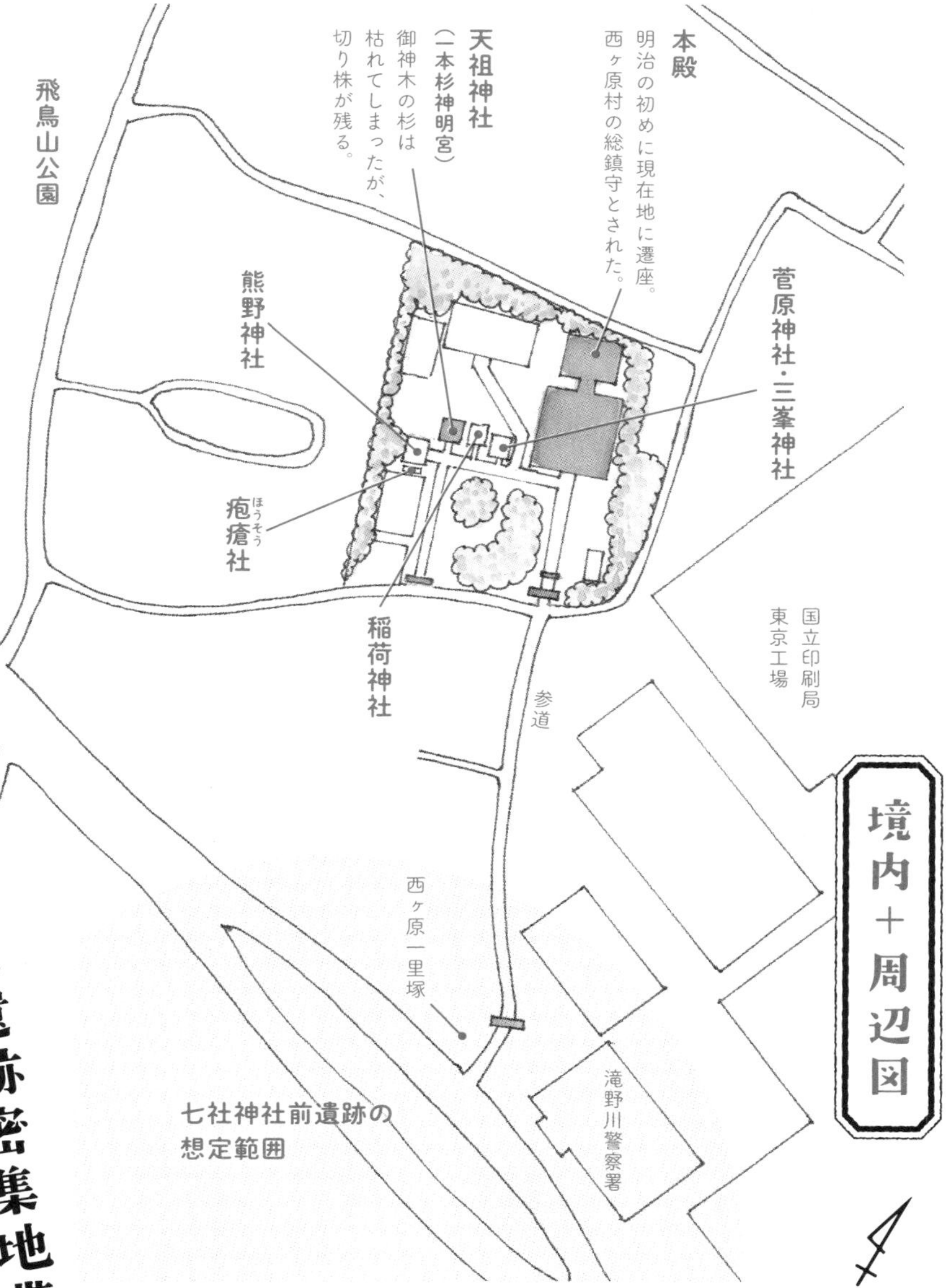

縄文の祈りの痕跡を今に伝える祭祀具

境内に漂うこの揺るぎない雰囲気は、ひょっとしたら鎮座しているこの場所に理由があるのかもしれません。というのも七社神社の周辺は、縄文遺跡の密集地帯なのです。七社神社の境内裏手からは七社神社裏貝塚[24]が、境内手前からは七社神社前遺跡[25]が発見されています。

そして、飛鳥山公園からも旧石器時代から継続して遺跡が出土していますし、国立印刷局東京工場周辺からは御殿前《ごてんまえ》遺跡[26]、旧古河庭園西側からは西ヶ原《にしがはら》貝塚[27]、隣接して東谷戸《ひがしやと》遺跡[28]……と、もう隙間もないほど。

これほど多くの遺跡が発見されているのには、やはり理由があります。改めて地形を見てみると、武蔵野《むさしの》台地の北東のへりに位置し、縄文時代には東京湾に接する場所にあたります。

海水に棲む魚介類が豊富に捕れたことでしょうし、西ヶ原貝塚が出土しているあたりは河川の侵食でできた谷ですから、おそらく川があり、淡水の生物もたくさん捕れたのではないかと思います。大規模集落や貝塚が多数発見されるのも納得の、豊かな土地なのです。

現在は東京らしい閑静な住宅街ですから、そのような歴史が秘められていることは

24：縄文中期の住居跡内貝層と、後期の土坑内貝層が出土。

25：七社神社参道の鳥居から本郷通り周辺に、縄文前期後半の大環状集落が出土した。

26：縄文中期後半の集落や、斜面貝塚が出土。

27：縄文中～晩期を中心とした大型の馬蹄形貝塚。

28：縄文前期、中期から後期の住居跡と土坑が出土、土坑から土偶が発見された。

想像しづらいのですが、七社神社周辺の遺跡からは、土偶や石棒といった祭祀具も出土しています。それは、縄文の人々の祈りの痕跡を今に伝えてくれるものです。縄文時代にも祈りがあった地に今、七社神社が鎮座しているということは、偶然ではない気がするのです。

七社神社の禰宜《ねぎ》・和田隆之さんは、縄文遺跡が多数出土するこの地に神社が鎮座することを、大切に考えていると話してくださいました。和田さんは、この貴重なご縁を参拝者に広く享受してほしいとの思いから、縄文ならではの祭祀具・石棒の形をした「子授《こさず》け石棒」という授与品を考案されたと言います。

想像の上だけでなく実際に、縄文と今をつなぐものを神社で御守《おまもり》としていただけるなんて――。

〝縄文神社〟というコンセプトでお詣りを続けている筆者にとって、この上なく力強い応援をいただいたような気がしました。

「子授け石棒」のモデルとなった石棒
（西ヶ原貝塚出土、北区飛鳥山博物館蔵）

吾嬬神社《あづまじんじゃ》

墨田区《すみだ》

下町に浮洲《うきす》の聖地あり

東京都の東部には低地エリアが広がります。このエリアは、きっと縄文時代にはすべて海中だっただろうと思い込んでいたのですが、それは思い違いでした。

一六ページの縄文MAPは、最も海進が進んだ時代（縄文前期）の状況を推定したものですが、その後は、徐々に海水が退《ひ》いていきます（海退）。後期になると、東京と埼玉の県境くらいまで、所々に浮洲[29]（島）が形成されていたようで、その島と思われる地域に、縄文遺跡が残されていたのです。

江戸時代以降の開発や関東大震災、太平洋戦争などの影響を受け、変化が激しいエリアですが、「縄文神社」もありました。隅田川《すみだがわ》に架かる「吾妻橋《あづまばし》」の語源になったとされる吾嬬神社から、縄文後期の遺跡が発見されているのです。

この遺跡について『墨田区史　前史』では、鳥居龍蔵《とりいりゅうぞう》博士[30]の記事として、「社殿裏手の塚が破《こ》はれた時に出たといふ懸仏《かけぼとけ》と石器時代の土器がある。最初発見した

29：水面に浮き漂い洲のように見えるもの、あるいは島のこと。この場合は後者。

30：1890〜1953。人類学者・考古学者。海外の研究で有名だが、吾嬬神社をはじめ東京低地の考古学的研究も、博士によって始められていた。

境内＋周辺図

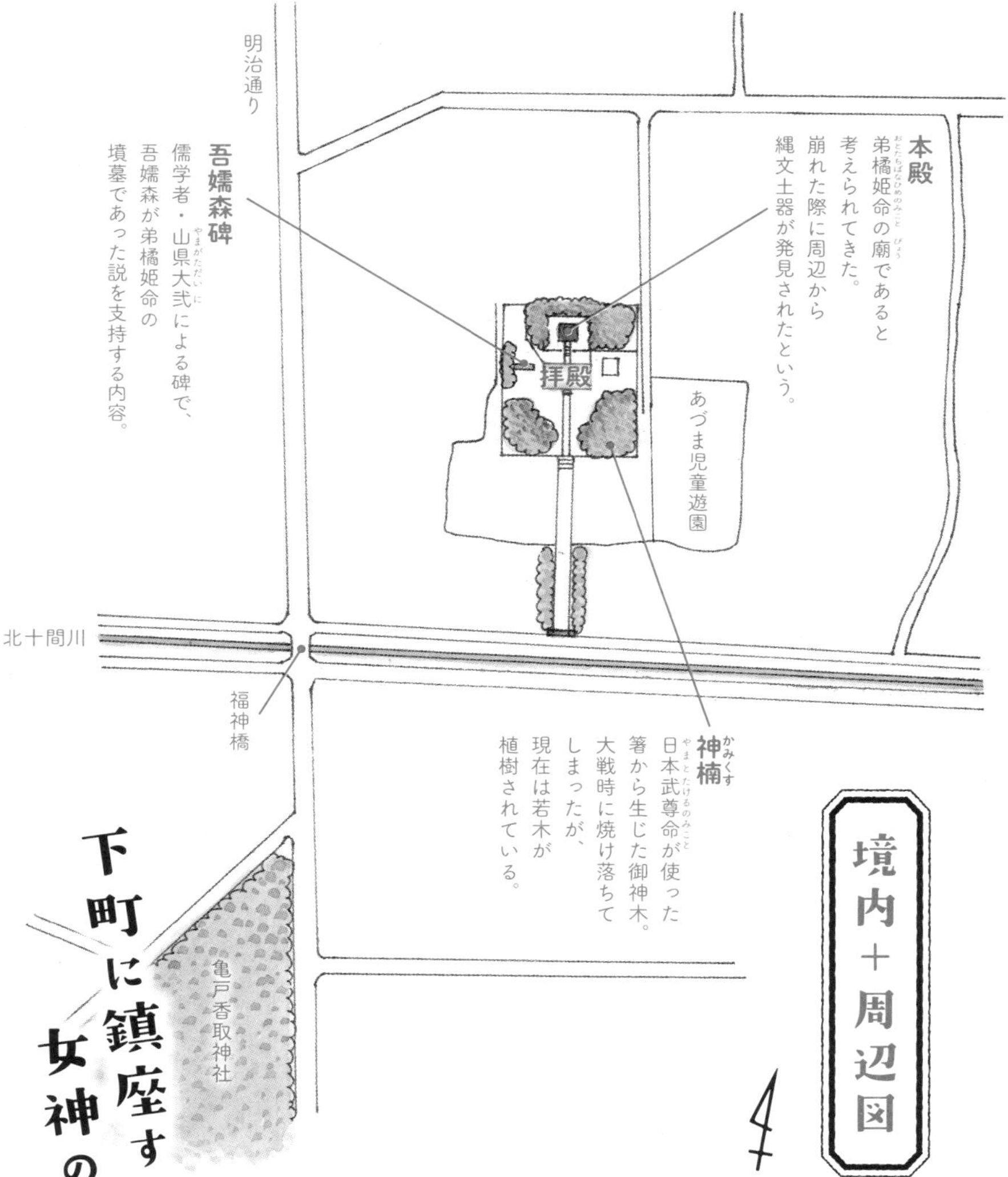
本殿
弟橘姫命《おとたちばなひめのみこと》の廟《びょう》であると考えられてきた。崩れた際に周辺から縄文土器が発見されたという。
あづま児童遊園
拝殿
明治通り
吾嬬森碑
儒学者・山県大弐《やまがただいに》による碑で、吾嬬森が弟橘姫命の墳墓であった説を支持する内容。
神楠《かみくす》
日本武尊命《やまとたけるのみこと》が使った箸から生じた御神木。大戦時に焼け落ちてしまったが、現在は若木が植樹されている。
北十間川
福神橋
亀戸香取神社

下町に鎮座する女神の聖地

吾嬬の森　（『江戸名所図会』より〔国立国会図書館デジタルコレクション〕）

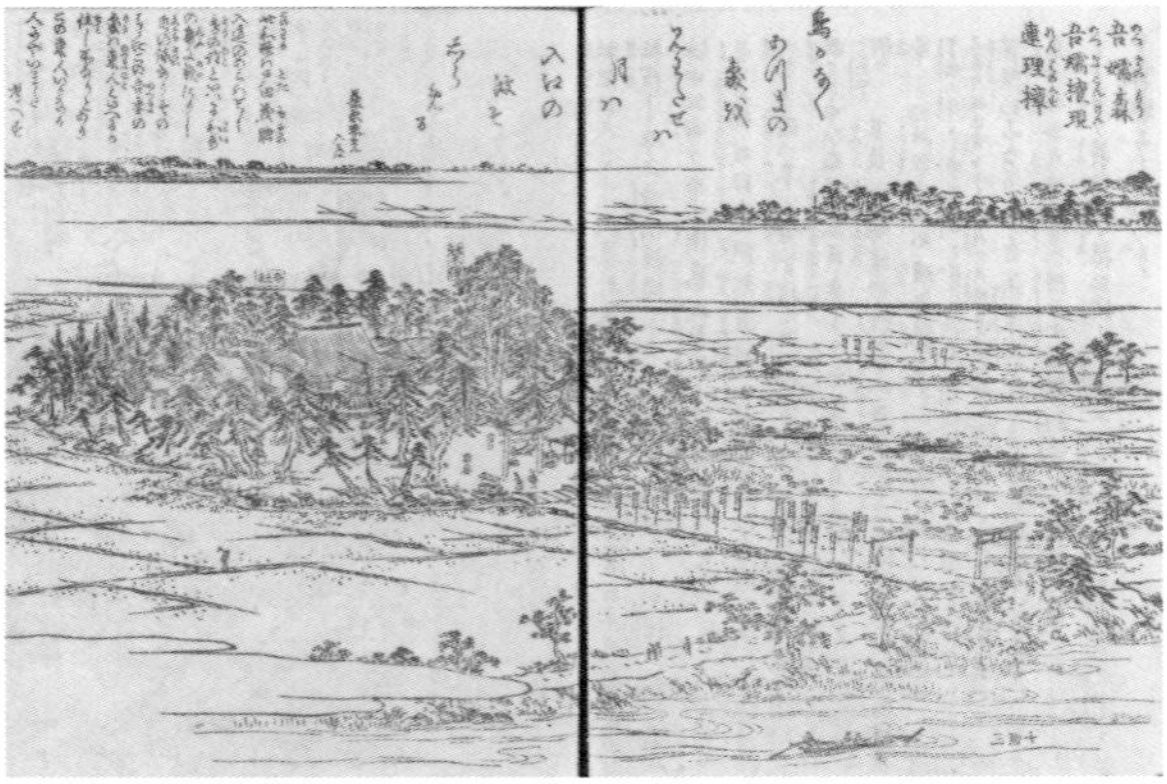

のは七個であったが、壊《こ》はれて完全なものは一個を残して居るのみ」と紹介しています。この「完全なもの」と鳥居博士が記録した土器一点は、現在も、吾嬬神社に保管されているそうなのです。

江戸時代に刊行された『江戸名所図会《ずえ》』[31]を見てみると、水田（湿地？）にぽかりと浮かぶ島のように見え、「吾嬬の森」「吾嬬権現」と呼ばれていたことがわかります。

また、「古くは浮洲の森とも呼ばれていた」と江戸時代の地誌に書かれているので、江戸以前から海に浮かぶ島だったという記憶が共有されていたのでしょう。この絵を元に周辺は海だった風景を想像しながら吾嬬神社にお詣りしてみると、住宅地に浮かぶ緑の小島のように思えてきます。

房総とつながる女神の面影

吾嬬神社の御祭神は、日本神話に登場する英雄・日本武尊《やまとたけるのみこと》[32]の妃・弟橘姫命《おとたちばなひめのみこと》です。

31：江戸と近郊についての絵入り名所地誌。江戸時代後期の天保5（1834）年、7年刊。

32：日本統一にまつわる伝説にあらわれる古代史上の英雄。

日本武尊が東征《とうせい》した際に、弟橘姫命が身を投げて荒れた海を鎮《しず》めたという故事がありますが、社伝には、日本武尊が浮洲に流れ着いた弟橘姫（媛）命の遺品を埋葬して廟《びょう》（墓）とし、それが神社の発祥となったとあります。

弟橘姫命は一六八ページにも登場しますが、神話では命を捧げて夫を守るけなげな女神として描かれます。しかしそれは、いざとなったら誰かのために自分の命を捨てられるという、意志の強い女性を象徴しているように感じられるのです。その女性らしい強さと、房総の縄文神社でも御祭神としてたびたび登場することから、縄文からの信仰と接続する核を持った女神ではないかと、私は想像しています。

境内は、涼やかで優しげな空気で満たされています。その控えめなたたずまいの中に、縄文からつながる海民のしなやかな強さを感じ、変わらぬものを、確かに伝えてくれている気がするのです。

吾嬬神社遠景。小島のようにも見える

大國魂神社《おおくにたまじんじゃ》

府中《ふちゅう》市

東京西部から埼玉中部にかけて広がる台地を武蔵野台地と言います。荒川と多摩川に挟まれた地域で、特に東京西部で多摩川が形成した河岸段丘の崖を、国分寺崖線《こくぶんじはけ》、府中《ふちゅう》崖線 33 と呼び、この崖線に沿って、たくさんの遺跡が発見されているのです。大國魂神社も、府中崖線沿いの台地上に鎮座しており、境内から縄文中期、後期、晩期を中心とした集落跡（大國魂神社裏遺跡）が発見されています。

縄文遺跡は、本社裏手の森の奥から崖下付近に位置しています。今は確認できませんが、縄文時代には崖線下に湧水があったのでしょう。

本殿裏の社叢には巨木が鎮座し、また、本殿東側には水神社《みずじんじゃ》があります。こちらの御神水は地下一二〇メートルから汲《く》み上げているとのことですが、小さな川を成していて、とても気持ちがいい場所です。

奈良時代以前にもやっぱり聖地

33

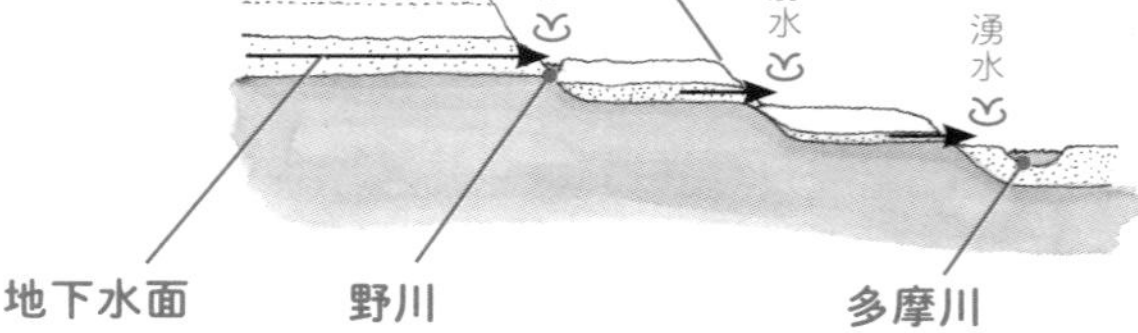

【貫井神社《ぬくいじんじゃ》】

小金井《こがねい》市

もう一社、国分寺崖線下の縄文神社として外せないのは、貫井神社です。現在も本殿の左脇から、清らかな水がふつふつと湧き出《い》でる様子を見ることができます。

境内とその周辺からは、縄文中期を中心とした旧石器時代からの複合遺跡[34]が出土しています。おそらく台地上に集落の中心があり、崖下に水源という絶好の縄文ロケーションだったでしょう。長期間にわたって人が住み続けられた理由は、やはり豊かな水源があったからです。つまりこの湧水が貫井神社の御神体であり、いつの時代にも、この地の信仰の根源であり続けているのでしょう。

貫井神社も明治以前は「貫井弁財天」と呼ばれ、弁財（才）天が祀られていました。弁財（才）天はこれまでもお話ししてきたように、縄文神社にゆかりの深い女神です。まさにこの清らかな場所にふさわしい神様だと思います。

崖線下にたたずむ湧水の古社

34：貫井遺跡。面積は約6000平方メートルもある。神社裏の台地上の住居跡からは貴重な大珠《たいしゅ》（ヒスイ製）も発見され、周辺地域の中心的なムラで、重要な祭祀が行われていた可能性が高い。

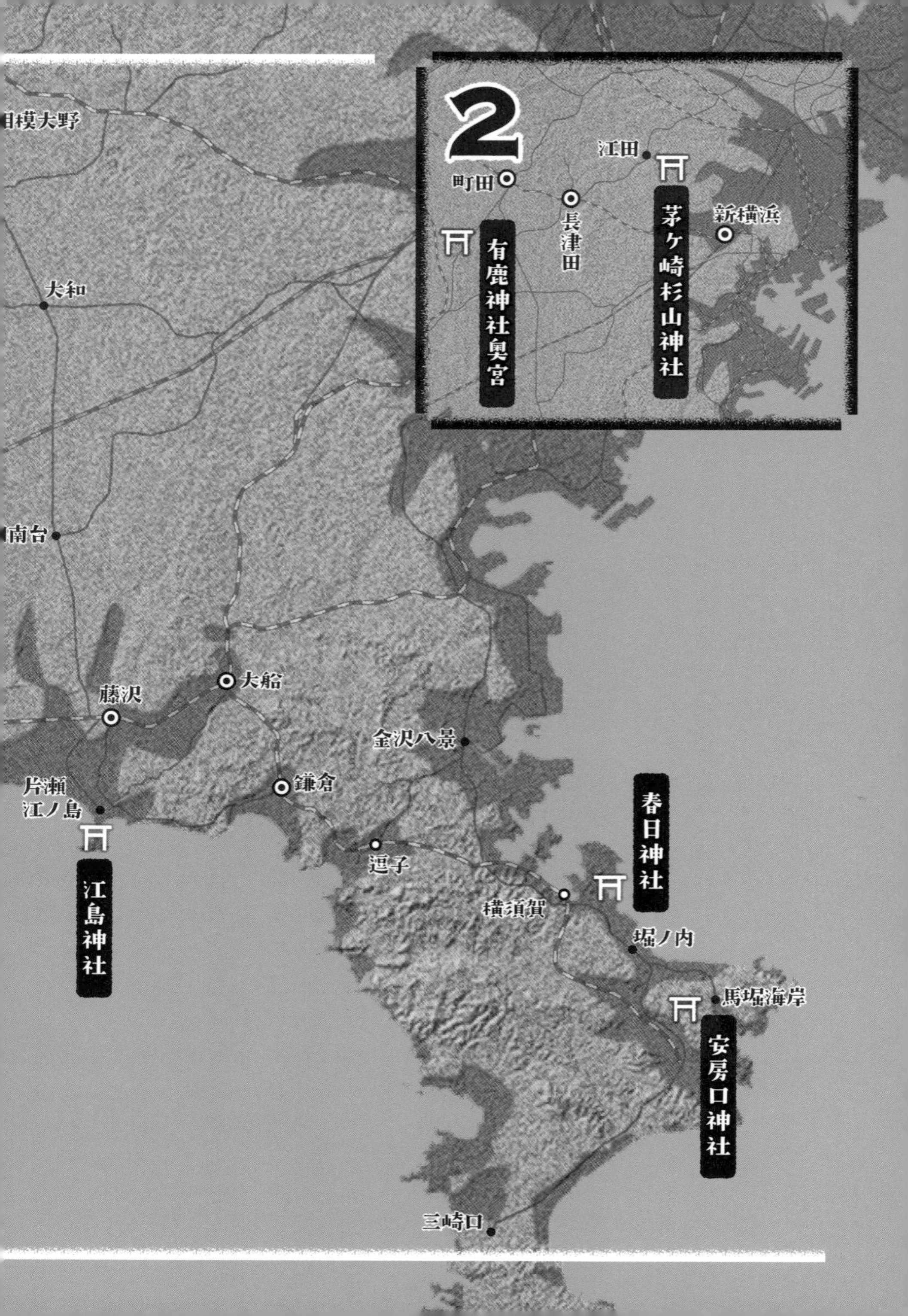

2
模大野
町田
長津田
江田
新横浜
有鹿神社奥宮
茅ケ崎杉山神社
大和
南台
藤沢
大船
金沢八景
片瀬江ノ島
鎌倉
逗子
江島神社
春日神社
横須賀
堀ノ内
馬堀海岸
安房口神社
三崎口

1
神奈川
大山阿夫利神社
比々多神社
寒川神社
厚木
伊勢原
秦野
寒川
平塚
茅ケ
国府津
小田原
2
1

大山阿夫利神社《おおやまあふりじんじゃ》

伊勢原市《いせはら》

縄文から始まっていた遥拝《ようはい》と登拝《とはい》

国土の七割が山地の日本列島。日本人が山へ信仰心を抱くのは当然のことかもしれません。山そのものを神と考え、水や樹木や石といった信仰対象をも包み込む、大いなる存在と捉《とら》えてきました。PART1でもお話ししたように、山への信仰をあらわす方法としては、「遥拝」と「登拝」があります。「遥拝」は、霊山の山容が見える場所から祈る方法、「登拝」は実際に霊山に登りながら祈る方法です。両方とも現在も継承されているスタイルですが、縄文時代からこの二つの方法は行われていたようなのです。

神奈川県が誇る霊山・大山にも、その「遥拝」と「登拝」の面影がしっかりと残されています。そのうちの「登拝」のスタイルを継承しているのが、大山の山頂に本社のある大山阿夫利神社（以下、阿夫利神社）です。

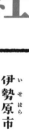

大山信仰と海と山の恵み深き神

大山図 4

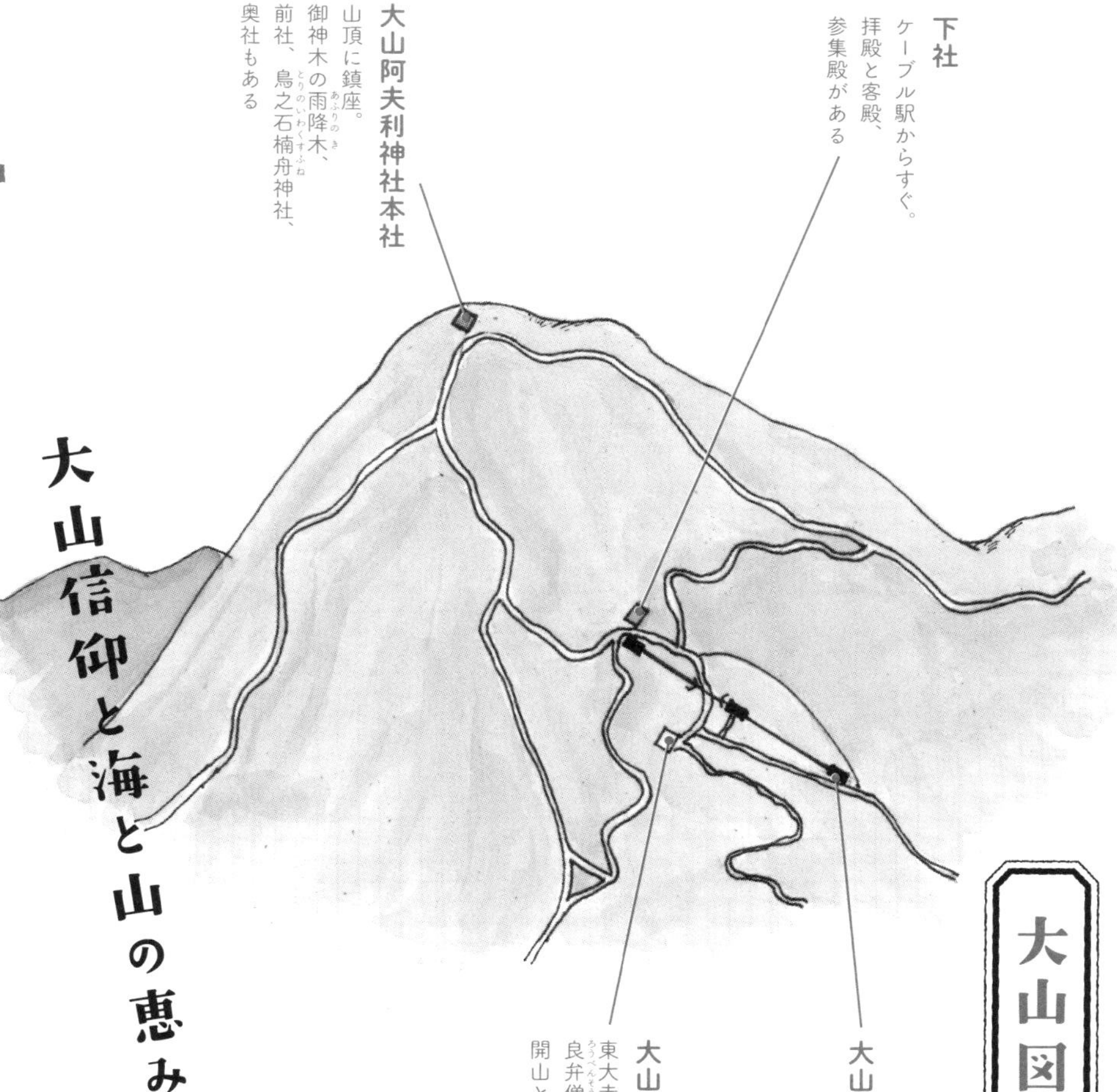
大山寺
東大寺を開いた
良弁僧正《ろうべんそうじょう》が
開山という名刹《めいさつ》
大山ケーブル駅

大山の神の懐《ふところ》へ

大山は、丹沢山地《たんざわさんち》東部にそびえる独立峰です。神奈備山《かんなびやま》型（円錐形）の山容は、まさしく神の山。神奈川県中部に広がる相模《さがみ》平野周辺の神社の多くに、大山遥拝のエッセンスが、少なからず入っているだろうと思います。

相模平野にいると、どこからでも大山が見えますし、場所によって少しだけ変わる山容の美しさにうっとりします。時折背後に見える富士山への崇敬心《すうけいしん》も加わって☛1大山への憧れのような感情が湧《わ》き上がってくるのです。阿夫利神社は、その大山に鎮座するお社で、主祭神はもちろん山の神。大山信仰の根源と言っていいでしょう。

阿夫利神社では、中腹の下社に拝殿があり、山頂に本社があります。下社拝殿の先に登拝門があり、山頂まで登拝することができます。

ここから山頂までの山道が大切な縄文神社的ポイントです。登拝は、神（山）の中に実際に入っていく祈りの方法です。縄文の人々が山頂に登る場合も、同じように祈りを胸に宿しながら登ったことでしょう。そんなことを思いながら山頂を目指すと、体も心も、太古から変わらない山のリズムにチューニングされていく気がします。

☛1：富士山宮浅間大社の祭神（木花之佐久《このはなのさく》夜毘売命《やひめのみこと》）は、阿夫利神社の主祭神・大山《おおやま》祇大神《つみのおおかみ》の娘で親子神になる。そのため大山と富士山をセットでお詣りする〝両詣り信仰〟が栄えた。

『五十三次名所図会 八』（部分）歌川広重（1855〈安政2〉年）※手前が大山、奥が富士山

大山登拝道。山頂までゆっくり登ると2時間ほどかかる。
登山の準備をして登拝してほしい。

本社に秘された御神体と、祭祀《さいし》遺跡

山道には、ブナや豊富なキノコ類などが目につきます。湿度が高いのか全体にしっとりとして、赤みが強く感じられる土壌は、鉄分が多いのかもしれません。一時間半ほどで石の鳥居が見え、山頂の本社へ到着します。

緑の濃い山頂には、素朴な本社、少し下がったところに「雨降木《あふりのき》」と呼ばれる御神木があります。大山は別名「雨降山《あふりやま》」と呼ばれますが、その語源となったとされる木です。「この木に常に露が滴《したた》っていた」ために、雨降山と言われるようになったと伝わります。気のせいかもしれませんが、確かにこの木の周辺は湿度が高いようです。さらに標高の割には、下社周辺と比べても気温や天候がずいぶん違うように感じて、不思議な気持ちになります。

この本社に、今も御神体の石が秘されていると言います。そして山頂付近からは縄文土器（中期末～後期）が発見されました。おそらくその石の周辺で祭祀が行われたのでしょう。そしてそれが、現在も御神体なのですから、縄文時代から本質は変わらないのです。変わったのは、覆屋《おおいや》ができて直接拝観できないということくらいです。

石尊《せきそん》大《だい》権《ごん》現《げん》は石の女神？

実のところ大山での信仰のかたちは、歴史とともに変化してきました。しかし、明治以前に呼ばれていた名前に、その本質の一片があらわされていると思います。その名前は、「大山石尊大権現[2]」と言います。

石尊大権現の「石尊」は、御神体の石のことでしょう。江戸時代に、大山信仰が大流行して関東一円に広がり、各地に勧請《かんじょう》[3]されたのですが、その際の神名は大山権現ではなく、「大山石尊大権現」でした。この名前でもって各地で信仰されたということは、大山信仰とは大山という山の神への信仰だけではなく、特に山頂の石に対する信仰だと認識されていたのではないかと思います。

石尊は石の神という意味ですから、「石神《しゃくじん》」を連想してしまいますね。ただ、石尊大権現は自然の大岩だそうなので、縄文ゆかりの石神とはちょっと違うかもしれません。

さて、この石尊大権現について、私はほとんど妄想《もうそう》に近いイメージを抱いています。この石尊さんは、女神ではないかと思っているのです。その理由は、「大山詣《まいり》」にあります。大山詣は「大山講《こう》」といったグループを作ってお詣《まい》りするスタイルのことを言います。江戸時代に大流行し、今も大山山麓《さんろく》には宿坊《しゅくぼう》があり、その伝統は継承され

2：仏教のほとけが、日本の神の姿をとって顕現することを垂迹《すいじゃく》と言う。「権現」はその垂迹説により、あらわれた日本の神のこと。

3：神仏の分身、あるいは神仏の霊を分けて、ほかの土地に遷《うつ》して祀《まつ》ること。

ています。

この大山詣は、女人《によにん》禁制でした。厳密に言うと下社のあるところまではお詣りできましたが、山頂へのお詣りは、女性はできなかったのです。

このように女性が入れないというのは、山の信仰世界においては、よくあることです。山の神は女神と考えられることが多いからで、「女性がお詣りすると、山の女神が嫉妬《しっと》するから」と言ったりします。

阿夫利神社の主祭神は男性の神です。しかし、江戸時代までは女人禁制だったことを考えますと、あくまでも個人的な考えですが、太古の神は女性で、しかも石神だったのではないかと思います。

そしてこの石神は水の神でもあったでしょう。というのは、山は水分《みくまり》、水の分配をつかさどる神とも考えられていたからです。

海と山の恵み深き神

実際、大山は水分の神としても崇敬されていたことが事実としてわかっているので、縄文時代にも、水の女神であり、石の女神であり、山の女神でもある、と慕われていたと考えるのは、無理がない気がします。

縄文時代には、基本的に山麓のムラから遥拝して、許された人が登拝したのではないかと想像します。そして特別な日に、山麓各地から（あるいは大山が見える遠方からも）大山を神と慕う人々の代表が集合して、祭祀を行っていたかもしれません。特別な日とは、二至二分《にしにぶん》（夏至・冬至、春分・秋分）の日といった太陽の進行に関わる日だったのではないかと思います[4]。

本社近くから眼下を望むと、江の島から湘南台《しょうなんだい》（藤沢市）まで一望できます。縄文海《かい》進《しん》時には、伊勢原市の沼目《ぬまめ》という地域まで海だったそうなので、相模川下流は姿を消し、大きく海が入りこんでいたと考えられます。すると、大山山頂から見える相模平野の半分は海だったはずです。今では内陸の山のイメージが強いけれど、縄文期の大山は海にほど近い山だったんです。そう考えたら、大山を信仰した人たちには、海の民の方が多かったかもしれませんね。

山への信仰を海の民が？と不思議に思われるかもしれませんが、山容に特徴のある山は、前述のように太陽への信仰において大切な存在でしたし、また航行の目印にもなりましたから、海の民による信仰の対象になりました。大山は、山の民はもちろん、海の民にとっても、崇敬すべき神だったのではないでしょうか。

4：夏至は最も日が長いため、生命力が最も高まる日、冬至は最も短いため、生命力が最も弱まる日と考えられる。

比々多神社《ひびたじんじゃ》

伊勢原市《いせはら》

イノシシ鼻の水の女神

大山山麓に位置する伊勢原市では、縄文遺跡がたくさん発見されています。縄文遺跡は、霊山を遠景に取り込んだ場所に拓《ひら》くことが多いので、そのいずれもが遥拝地の可能性が高いのですが、やはりなんと言っても特別なのは、比々多神社でしょう。比々多神社の境《けい》内《だい》からは、縄文遺跡が出土しており、[5]姿を変えつつも、縄文からの祈りを継承してきたお社《やしろ》です。

境内は社叢《しゃそう》が茂り、遠くから見てもこんもりとしていて、「あそこが比々多神社だ」とわかります。鳥居をくぐると、その清冽《せいれつ》な空気に一気に清められる心地がします。境内は全体に清らかですが、とっつきにくい雰囲気はありません。肩の力が抜けるような、温かく穏やかな空気に満ちていると感じます。

荘厳な拝殿正面に下げられた五本の鈴緒《すずお》は、紅白の紐に鈴が互い違いにつけられたもので、とても愛らしい。この鈴緒は神社の職員の方々の手作りだそうで、そんなこ

5：比々多神社境内遺跡。敷石住居（縄文中期後半から後期前半に造られた住居様式）跡や、打製石斧《せきふ》・磨製石斧や石棒《せきぼう》などが発見されている。

境内図 4

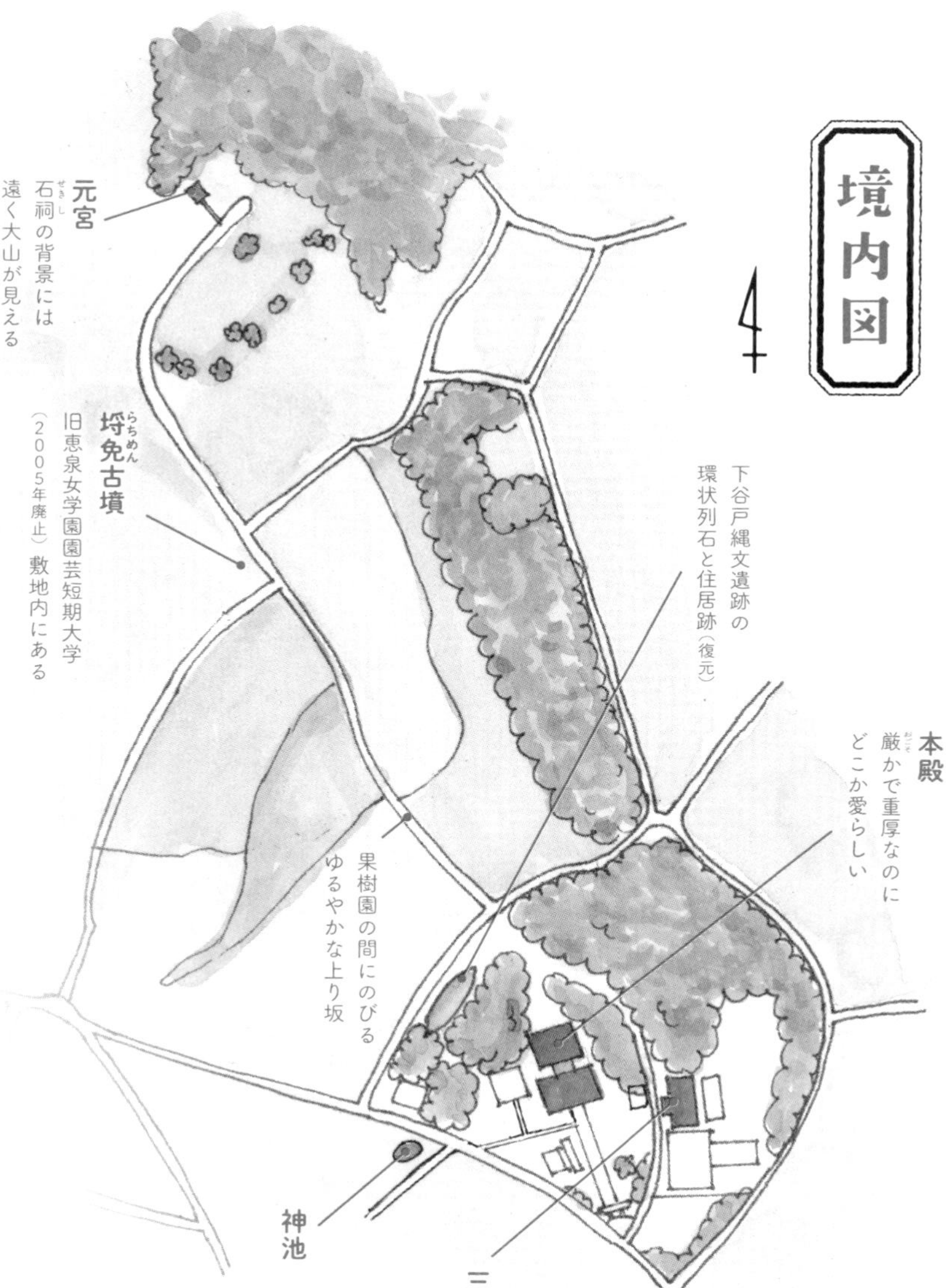

海と山の神に遥拝できる聖地

比々多神社境内遺跡出土の顔面把手
（三之宮郷土博物館蔵）

とも関係しているかもしれませんが、比々多神社の印象は、厳《おごそ》かでありながら明るい優しさに溢《あふ》れ、そしてほんのりキュートなのです。

本殿の裏手には周辺で出土した列石遺構[6]が移築されており、実際に見ることができますし、さらに本殿の手前右手に三之宮郷土博物館があり、こちらでは境内や周辺から出土した土器や石製品などを展示しています。二宮神社と同じく、すぐさま境内出土の土器を見ることができるという点もポイント高いですね。

そしてこちらにも、顔面把手《がんめんとって》が展示されています。これがまた可愛い！　すでにお話ししてきたように顔面把手は、水の女神の姿ではないかと考えていますが、比々多神社の女神様は、格別にキュートです。鼻がコブタ（イノシシ）のように上向きで、可愛さが強調されていますよね。このイメージは、そのまま比々多神社の朗《ほが》らかな雰囲気とマッチしていると思います。

6：東名高速道路建設に伴い発見された下谷戸遺跡の遺構が移築されている。中期から後期の遺跡で、環状列石遺構や柄鏡《えかがみ》形敷石住居跡などが見つかった。

元宮と「埒面《らちめん》」の清々《すがすが》しさ

比々多神社は境内全体に、縄文神社らしい安定感と優しさに満ち溢れているので、どこが特にとは言いづらいのですが、それでもやはり際立ってすごい場所があります。それは、元宮です。

元宮

実は比々多神社は、四〇〇年ほど前まで、現在地の裏手の高台にありました。埒面《らちめん》[7]という場所で、この顔面把手もこの埒面付近で出土したものだそうです。顔面把手は祭祀器と考えられますし、また周辺から、七五センチの立石《たていし》[8]を伴う敷石住居も出土したそうですから、祭祀が行われていたことは間違いないでしょう。その祭祀が行われた場所に、弥生期にも集落が営《いとな》まれ、古墳が造られ、神社も造られ、現在に至っている……というわけです。この継続性は、本当に特別なものだと思います。

本社の境内裏を出ると、果樹園が点在するゆ

7：豊富な副葬品から相武国国造《さがむのくにのみやつこ》の墓と想定される埒免古墳や、近接地から、中期の住居跡や配石遺構、弥生以降の住居跡などが発見されている。「埒」とは真垣（囲い）を意味するため、埒面とは囲われた土地の意味と思われる。つまり聖域をあらわしているのではないだろうか。

8：立石は、現在三之宮郷土博物館前に移築されている。

るやかな傾斜地が広がります。このあたりがまたたまらなくいい感じなのです。現在地に遷《うつ》る前には、周辺一帯が社地だったそうなので、すべて神域だったのでしょう。納得の清々しさです。

日当たりも良く、優しい風がふっと抜けます。一〇分ほど坂道を登っていくと、右上方には大山の山頂が見え、一段高い段丘面（旧宮山《みややま》）に、元宮がありました☞9。元宮は、その背後にちょうど大山の山容がうかがえる位置にあります。私がお詣りした日はいいお天気でしたが、大山の山頂には雨傘のような雲がかかっていました。雨降山と呼ぶにふさわしい光景です。

海と山がクロスする聖地

石祠《せきし》の手前には小さな草原があり相模湾まで一望できます。大山山頂からの一望も素晴らしいのですが、この元宮からの風景はまた格別です。

ミカンの木が点在する丘が眼前に広がり、南東の方角に比々多神社本社の社叢がこんもりと見えます。そしてそれより少し東の先に、江の島が見えました。

縄文の頃を想像しながら、改めてこの風景を眺《なが》めてみましょう。縄文海進時には、比々多神社がある台地の崖下あたりまで海が来ていましたから、この丘は当時も変わらないでしょうけども、その先はほぼ海という風景が広がっていたはず……。

☞9：段丘上の土地は、室町時代以降は他家の所有地だったが、昭和になってから返還・奉納された。その篤志《とくし》を受け石祠を建立し、元宮として祀ったという。

元宮の左手の野原から。相模湾まで一望できる。2本のヤシの木がまるで鳥居のよう

江の島は、縄文海進時にも島として存在していました。今よりも周囲の海は深く、岸からも離れていたでしょうから、孤島として、より強く視界に入ってきただろうと思います。大山山頂から見た時も思いましたが、江の島は目立ちます。聖地から見て一番目立つものは、また聖地たりえます。

それに、南東の方角にある島ですから、日の出が島の上あたりに見えるでしょう。つまり、この地は大山の遥拝地でありながら、同時に、海の神・江の島を遥拝する場所でもあったかもしれませんね。比々多神社は、大山の神を祀る祭祀場であり、海の神ともクロスできる聖地だったのではないでしょうか。

この元宮周辺の居心地は、けた外《はず》れにいいので、来るたびにこういう場所に住めたらいいなあと思います。

霊峰大山の山麓にあり、豊かな相模湾を一望できる。海にも山にも何かしら美味《おい》しいものがありそうですし、大山の美味しい水にも恵まれています。その安心感が、生きものとしての私を安堵《あんど》させるのかもしれません。

こういう場所が、本来人間が本能的に「住みたい！」と思う場所でしょう。リラックスできて、力が湧いてきて、元気になれる場所。つまり、こういう場所を、パワースポットと呼ぶんだろうと思います。

江島神社《えのしまじんじゃ》

藤沢市《ふじさわし》

岸や岬に程近い場所にある孤島は聖地と目《もく》されます。江の島もこの条件に当てはまりますが、阿夫利神社や比々多神社から遠望すると、弧を描く相模湾の海岸線に寄り添うようにたたずむ姿がよりいっそう印象的で、聖なる島の風格を持つ場所だと感じます。

このような場所には、水の女神・弁才天が祀られることが多く、江の島はその典型で根源の一つでもあります[10]。小さな島ながら湧水《ゆうすい》（水源）があるという点も、弁才天が祀られる要因となったことでしょう。

島内では、展望台付近で縄文早期の住居跡と土器などが、奥津宮《おくつみや》付近では石斧《せきふ》が発見されています。奥津宮の先には江の島信仰の心臓部とも言える江の島岩屋《いわや》があり、海と岩の武骨な造形美に縄文との関わりを想像してしまいますが、残念ながら岩屋付近では遺跡は確認されていないようです。

関東屈指の聖なる島

10：東京の貴重な水源に鎮座する遅野井《おそのい》市杵嶋《いちきしま》神社（88ページ）や井《い》の頭《かしら》弁財天も江島神社の分霊。いずれも縄文神社であることは、偶然ではないかもしれない。

有鹿神社奥宮《あるかじんじゃおくみや》

相模原市《さがみはら》

縄文神社の原風景・有鹿谷《あるかやと》

有鹿神社[11]には、本宮、中宮、奥宮があり、本宮と中宮は、鳩《はと》川《がわ》が本流・相模川に合流する手前の地点（海老名《えびな》市）に、奥宮はその地点から六キロほど上流（相模原市）に鎮座しています。

奥宮が鎮座する場所は元宮であり、有鹿神社の根源の地です。有鹿神社は、この奥宮を擁《よう》する有鹿谷と呼ばれる典型的な谷津《やつ》地形を形成している、湧水を御神体とするお社なのです。

台地と台地崖下の湧水から形成される湿地帯である谷戸《やと》（谷津）は、人が生きていくために必要なものが、すべて含まれています。縄文神社の多くはだいたいこのパターンに当てはまっているのですが、そういう場所は、いつの時代でも人が暮らしやすいですから、時を経た分だけ開発されています。谷津地形であることもわからなくなっていることが多いのですが、有鹿神社奥宮では、その原風景を目《ま》の当たりにすることができます。

11：読み方は「ありか」「あらか」「あるか」と諸説あり、また主祭神にも諸説ある。ただ地元の人々は「お有鹿さま」と呼ぶそうで、『日本三代実録』（平安時代の歴史書）にある「有鹿神」としか言いようのない土地の神が、御祭神だと考えればいいのかもしれない。

周辺図

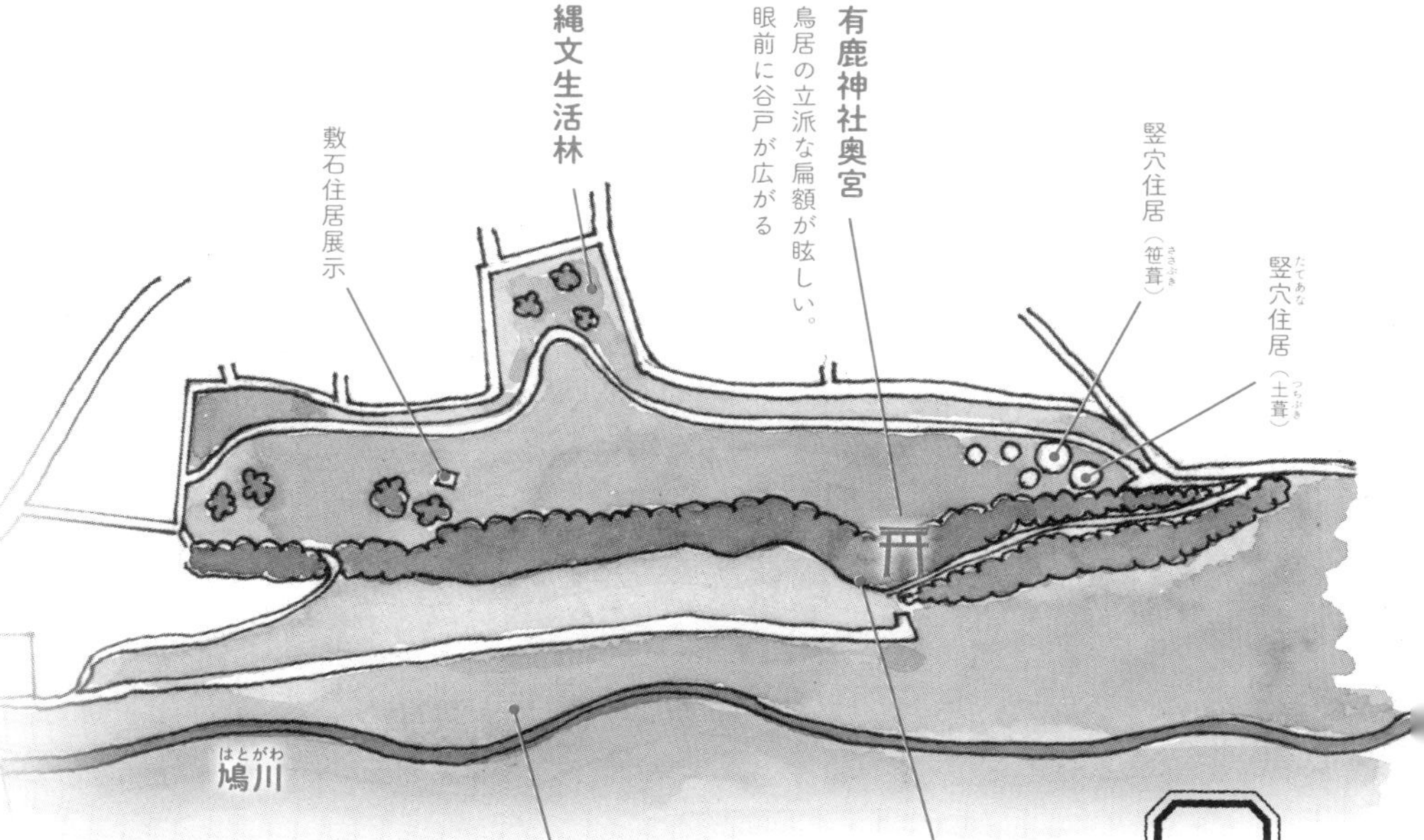

有鹿谷
複数の水源があり、
幾筋も小川が流れる

水源
湧水の噴き出し口
には鳥居が重なる

聖なるものが生まれる場所

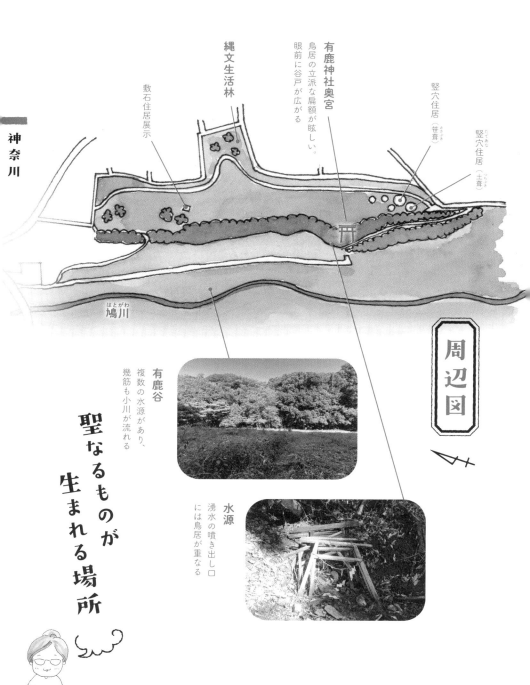

埼玉県の北本《きたもと》高尾《たかお》氷川神社（56ページ）も、同じく谷津風景を体感できる場所ですが、さらに有鹿神社奥宮のすごい点は、御神体である湧水ポイントがはっきりと目に見え、さらにその水が小川を成して湿地を潤《うるお》し、鳩川（相模川の支流）に注ぎ込むプロセスがすべて見られること。そして、奥宮の周辺は勝坂《かっさか》遺跡公園として、遺跡も環境も保全され、公開されているという点です。

縄文中期を代表する勝坂遺跡

勝坂遺跡[12]は、縄文文化最盛期の中期を代表する遺跡で、「勝坂式土器」の指標遺跡です。「勝坂式土器」は、彫刻的で立体的な文様に、蛇や動物の形などが加えられたデザインが豪壮でキュート。縄文文化の一つの到達点、それが中期であり、中期を代表するのがこの勝坂式土器なのです。有鹿神社は、その勝坂式土器の始まりとなった遺跡の中に、鎮座しているのです。

勝坂遺跡公園は、台地と照葉樹林[13]、そして有鹿谷からなる公園です。一面に整えられた芝生は縄文のムラにはなかったでしょうけども、視界いっぱい緑色で何とも美しい。広々と高台に広がる平地に、日光が降りそそぎ、優しい風が吹き抜け、ヒノキのようないい香りがふっと鼻をくすぐります。

縄文生活林には栗や山梨、コナラなど[14]が植えられていて、これまたいい雰囲気

[12]：国指定史跡。縄文時代中期の大集落遺跡で、鳩川左岸の台地を中心に発見された遺跡の総称。中期を代表する勝坂式土器の指標遺跡であり、勝坂式土器は南西関東から中部山地を中心に分布する。豊かな加飾（顔面把手、人体文様・蛇体文様など）が特徴。

[13]：1年を通して葉をつけている常緑広葉樹のうち、光沢が

です。竪穴《たてあな》住居[15]を見ながらいったん一般道に出て、有鹿神社奥宮の鳥居をくぐって、照葉樹林の道に入ると、また違った樹木の香りがぷうんと漂いました。
シラカシを中心とする照葉樹林は、相模原台地の原植生を現代に伝える貴重な森林だそうで、相模原市の登録天然記念物に指定されています。照葉樹林の他にも、クヌギやケヤキといった落葉樹も生えていて、これぞ関東の雑木林といった様子です。公園の道というよりは自然の山道のよう。下り道を、木漏《こ》《も》れ日に目を細めながら歩いていくと、ふと視界が開けました。

湧水が育《はぐく》む豊かな谷戸

思わず息を呑《の》むほど美しい谷戸が現れました。湿原の植物が緑のじゅうたんのように広がり、木漏れ日が小川の水に反射しています。そして、崖下に立派な石の鳥居があり、そこに小さな石祠が鎮座しています。これが有鹿神社の奥宮なのです。
鳥居前の小川を遡《さかのぼ》ると間もなくして、水源にたどりつきました。段丘崖下から水が湧き出しており、湧き口には鳥居が重なって置かれています。ここが御神体です。水量も実に豊かで、何とも言えず美しい。この御神体以外にもいくつか湧水スポットがあり、その湧水がそれぞれ小川を成し、鳩川へと流れ込んでいるのです。この豊かな水が、みごとな谷戸風景を創り出している源であるとわかります。

あり（照葉）、葉の大きさが20〜50平方センチメートル前後の照葉樹が優占《ゆうせん》する林。照葉樹林とは、ブナ科（シイ、カシ）、クスノキ科、ツバキ科といった樹種で、多雨で寒すぎない気候に生育する。

14：縄文時代の人々にとって大切な食料だった木の実がなる樹種が、「縄文生活林」として植えられている。

15：柄鏡の形に石を敷いた敷石住居の出土状況のレプリカと、廃絶住居（窪地）、笹葺屋根と、土葺屋根の竪穴住居が復元されている。

谷戸の中央には、湿原保護のための木橋が渡されています。その木橋を歩いていくと、水田が作られていました。そう言えば勝坂遺跡は、たくさんの打製石斧が出土したことで、縄文時代における農耕の存在が指摘され[16]、農耕存否論争の原点となった場所でもあるのです。

水耕栽培は、弥生以降の農法とされるので、縄文期農耕とは関係がありませんが、この有鹿谷では、古墳時代の祭祀遺跡も出土しており、どの時代にもこの場所を大切にしていた人々がいたことを、想像させてくれます。

この水源こそ「あるか」の意味

ここでふと、「有鹿」とはどういう意味か、と考えてみました。有鹿の語源は諸説ありますが、「神聖なものが出現する」「生じる」ことを意味する「ある」、場所を示す「か（処）」で「あるか」、つまり「聖なるものが生じる場所」という意味なのではないでしょうか。

そして「あるか」とは、この場所を創り出している「母なる湧水」を表現した言葉ではないでしょうか。縄文時代のムラも、弥生から今に至るまでの変化も含めて、この地にあらわれるすべてを生み出しているのがこの湧水です。それはまさに「聖なるものが生じる場所」という名前がふさわしいと思います。

16：勝坂遺跡で発見された大量の打製石斧は、土を掘る道具ではないかと考えられ、縄文にも農耕が行われていたという説が提議された。

現在、奥宮に祀られているのは有鹿比女命《あるかひめのみこと》という女神とする説がありますが、この女神が、この美しい地を創出した母なる神で、「あるかの神」なのではないかと、腑《ふ》に落ちました。これこそ根源に関わる話ですが、それが謎でも何でもなく、この場所に来たら一目瞭然《いちもくりょうぜん》に理解できます。それがまた有鹿神社のすごいところだと思います。

そして、この奇跡の場所を今のような姿で残すために、多くの人のご苦労がありました。一九七〇年代に大規模な宅地造成計画が起こり、危《あや》うく失われるところでしたが、行政、研究者や市民の皆さんの努力により、保全されることになったのです。人々の「失いたくない」という思いがこの場所を守り、新しいかたちを創り出しました。そんな皆さんの思いこそ、「あるかの神」によって導かれ、生み出された最も美しいものなのではないでしょうか。

北本高尾氷川神社でも感じましたが、そういう思いが、時を超えてつながっていくのが縄文神社だと思います。有鹿でも、有鹿谷=「あるかの神」を守ろうと思う心が集合して、新しい祖霊になるのかもしれません。そうしてこの美しい場所が、これからもずっと受け継がれていくのだろうと思います。

安房口神社《あわぐちじんじゃ》

横須賀市《よこすか》

房総半島と三浦半島の深い関係

三浦半島は縄文遺跡がとても多い場所です。特に東京湾側の横須賀市では、夏島貝塚《なつしまかいづか》[17]や吉井貝塚《よしい》[18]など多くの貝塚が発見されています。安房口神社は、JR久里浜《くりはま》駅近くの吉井貝塚から二キロほど北の高台に鎮座しています。

この安房口神社の御神体は、明らかに海に洗われたことがあるとわかる巨石です。安房口神社が鎮座する場所は縄文海進時でもかなり高い丘の上ですから、自然にこの場所にあるということはありえません。つまりこの巨石は、誰かが運んできたものだということです。

由緒によれば「竜宮から洲崎《すのさき》神社[19]に奉納された二つの石があり、天太玉命《あめのふとだまのみこと》[20]の霊代《れいだい》として、東国鎮護《ちんご》のために飛んできた」とあり、対岸の房総半島とのつながりを伝えています。房総半島は、〝海の縄文文化〟の中心地です。縄文の航海技術は、私たちが想像する以上に発達していましたから、房総半島と三浦半島は、盛んに行き

17：三浦半島東岸の金沢湾にある夏島南端部に位置する。早期を代表する夏島式土器の標識遺跡。夏島は1912（大正元）年に埋め立てられ、工場地帯になっている。

18：平作《ひらさく》川に張り出した台地上にある。台地全体は平安時代末期の山城（怒田《ぬた》城）跡となっている。東側には縄文前期、中期の住居跡も確認されている。

19：房総半島南端の、東京湾の出入り口に鎮座する。

霊石を祀る三浦半島最古のお社

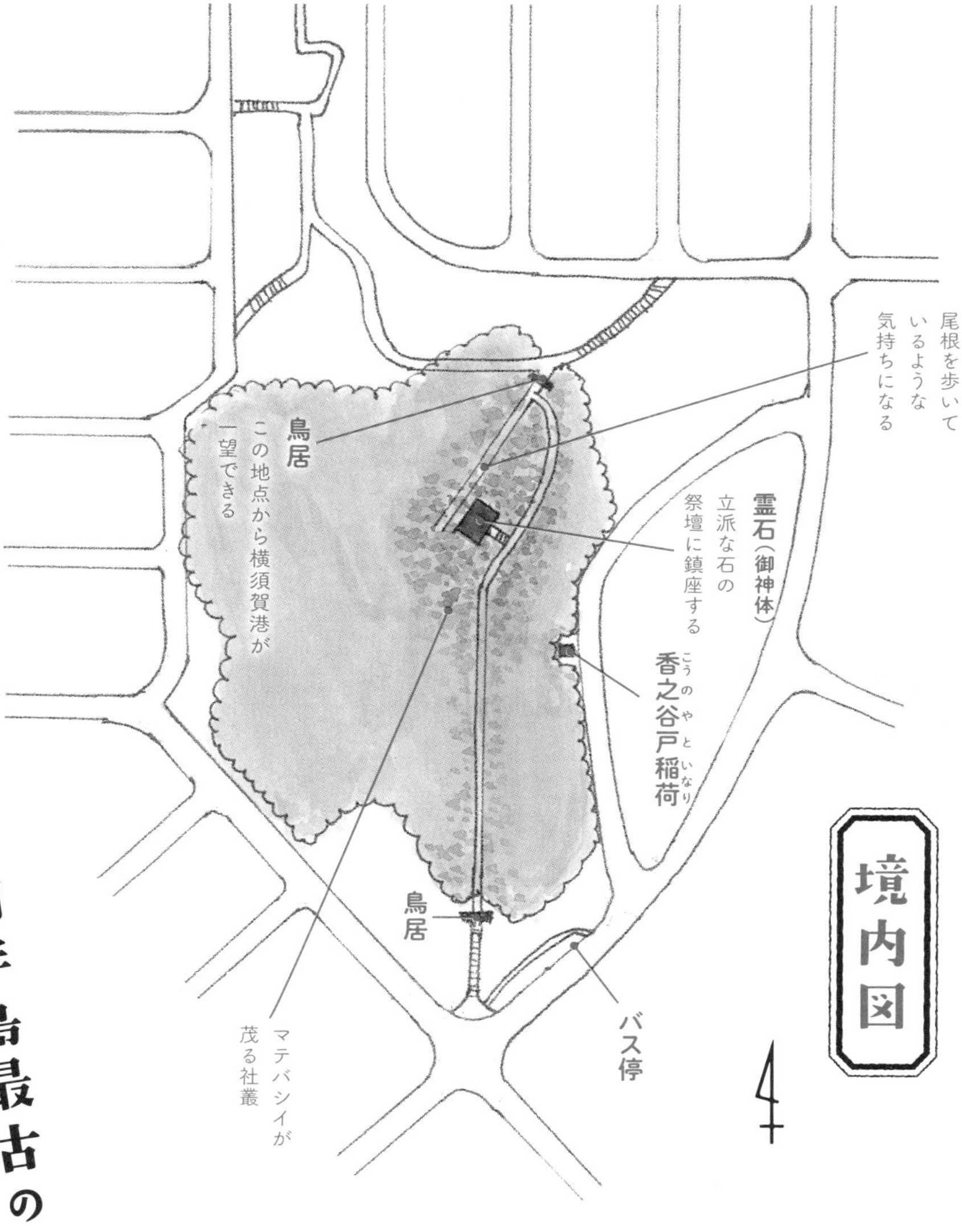

20：安房を開拓した忌部《いんべ》氏の遠祖とされる。日本神話では「岩戸隠れ」の一節で、隠れた天照大神《あまてらすおおみかみ》を岩戸から出すための神事を天児屋命《あめのこやねのみこと》（中臣《なかとみ》氏、藤原氏の祖神）とともに行った。

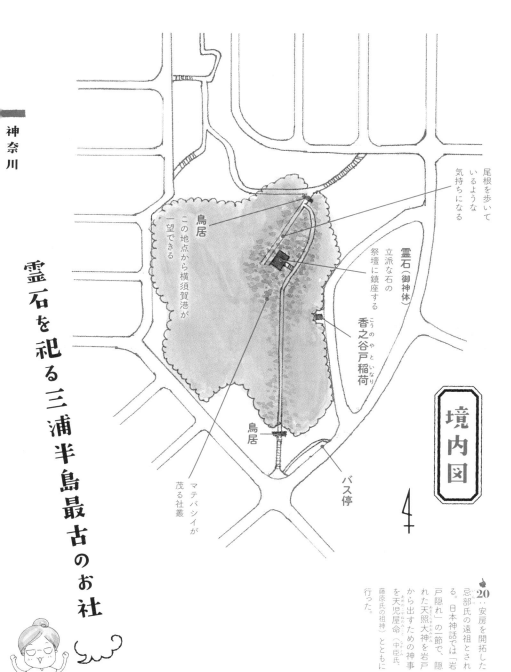

来がありました。安房口神社の名前も、由緒も、そんな太古からの濃い関係を証明していると思います。

安房口神社の境内には、残念ながら縄文遺跡は確認されていませんが、同地区内の吉井貝塚の存在や、房総との関係や真北に位置する猿島《さるしま》[21]との位置関係から、縄文神社としてご紹介したいと思います。

マテバシイが守る海の女神

周囲は、ニュータウンとして造成された街並みです。その中にぽこんと小山があり、その中に鎮座しているのですが、道の脇の石鳥居をくぐると、一気に森の空気の濃度に圧倒されます。参道にはマテバシイ[22]が繁茂していて、マテバシイの樹皮の明るい茶色と木漏れ日で、参道は温かく朗らかな印象です。

御神体には覆屋《おおいや》も拝殿もなく、古いスタイルを今も貫いていて、太古の祭祀を想像させます。霊石は、周囲を柵でかなり厳重に囲われていますが、「お守りするために囲いをさせていただいております」という説明板があり、この地域の皆さんが大切に思う気持ちが元になっているからでしょうか、柵によって隔絶されているような感じはありません。それどころか、境内全体に漂う明るい雰囲気は、この霊石に由来してるんだなと感じます。

21：詳細は137ページ。

22：ブナ科。常緑高木で、実はあく抜きせずに食べられるため、縄文時代にも重要な食料だった。

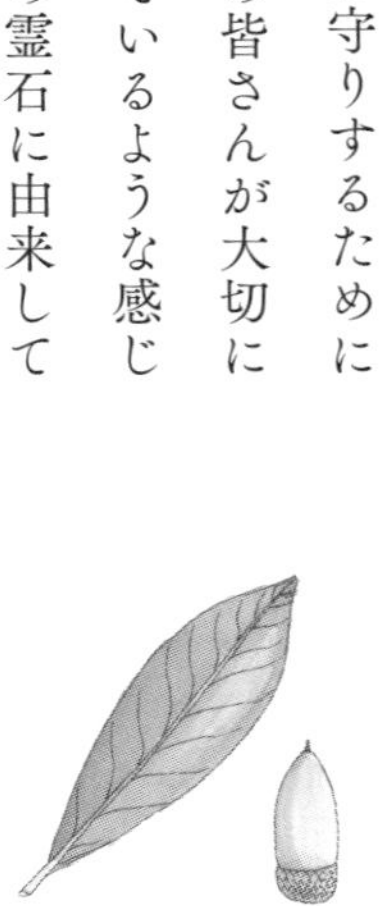

覗《のぞ》き込むと、霊石の正面には甌穴《おうけつ》[23]と思われる窪《くぼ》みがあります。いわゆる陰石[24]で、女性を象徴するものと考えられたであろうことは想像に難くありません。すると、安房口神社の御神体は、海の女神と考えていいでしょう。

境内を見渡すと、マテバシイの木々の間から、海の青を映したように澄んだ空がところどころに透けて見えます。明るい茶色の樹皮に緑の葉、そして葉の間に見える青い空が、安房口神社の海の女神を、優しく包んでいる。たまらない光景です。

体が軽くなったような気がして、大きく深呼吸をすると、縄文神社ならではの、あの優しい風がふっと抜けました。

御神体の霊石

明《みょう》神《じん》山《やま》山頂と猿島への信仰

この霊石が御神体ではありますが、「飛んできた」という伝承が示すように、どこからか持ってこられたものでしょう。こんなに重いものをわざわざ持ってくるのには、理由が必要ですよね。私はそれが、この場所がそもそも聖地だっ

23：岩盤の窪みに石が入りこみ、流水や波によって石が窪みの中で回転して深く削られてできる円形の窪み。

24：女性器を象徴する窪みを伴う石で、信仰対象となった。

たからではないだろうかと思っています。
もともとこの一帯は明神山と呼ばれる小山で、安房口神社は山頂部分にあたります。歩いてみるとわかりますが、南北に長い境内は、おそらく明神山の尾根なのです。明神山の尾根は南北に延びています。霊石の北側に鳥居があり、そちらから出てみると、眼下に横須賀の街並みと東京湾が広がります。そして、北の方向に島が見えました。猿島《さるしま》です。

縄文海進時には、眼下の平地の半分は海で、海岸線はもっと近かったでしょう。猿島は縄文遺跡が発見されていますから、海進時も陸地だった場所ですが、江の島と同様に岸から離れた「孤島」で、目立っただろうと思います。このロケーション、「大山と江の島」と同じパターンです。

また、境内外の山麓に「香之谷戸稲荷《こうのやといなり》」という小さなお社があります。詳細は不明ですが、名前からしてこのあたりが谷戸であったことを伝えているのではないでしょうか。すると、水源があった可能性があります。

今では住宅街になってしまってわかりにくいのですが、やはり安房口神社は、山の縄文ロケーションに鎮座していると言っていいでしょう。そして安房口神社の根源とは、霊石の鎮座よりさらに遡って、明神山への信仰と、また猿島を遥拝する聖地だったのではないかと、想像しています。

春日神社《かすがじんじゃ》

横須賀《よこすか》市

横須賀港に浮かぶ猿島[25]は古くは島全体が神域とされる神の島でした。春日神社は、もともとはこの猿島に鎮座していましたが、明治になって現在地に遷座《せんざ》しました。かつて本社が猿島にあった頃には遥拝地だったそうで、海に向かって拝殿が配置されていたと言います。しかし今はかなり内陸に位置していて海は遠く、この場所から猿島が見えたのかな？と少々驚きます。海がもっと近かったのかもしれませんね。

猿島では、標高の高い地点から、縄文早期以降の土器や石器が発見されています。定住跡ではなさそうなのでキャンプ地、または祭祀が行われた形跡かもしれません。横須賀側だけでなく房総側にも、龍や大蛇にまつわる猿島の伝説が残されているため、猿島の神は蛇神だったのではないでしょうか。古くは十嶋《とじま》と呼ばれ、猿島の神も十嶋大明神と呼ばれていたと伝わります。

御神体は横須賀の神島・猿島

25：周囲約1・6キロの無人島。明治以降は軍用地とされ一般人の立ち入りが禁止された。現在は海上公園となり、観光地として賑わっている。

寒川神社《さむかわじんじゃ》

高座《こうざ》郡寒川《さむかわ》町

相模國唯一の名神大社《みょうじんたいしゃ》で一宮《いちのみや》。古い言葉で「サム」は「冷たい、清い」という意味でカハ（ワ）は泉・池のことなので、サムカワは、「清い泉・池」という意味でしょう。現在も、御殿の奥に「難波の小池」という湧水があり、神社の創祀《そうし》に深く関わりのある小池だと伝えられています。寒川神社の根源となったこの湧水は、水量がたいへん豊富だと伝わっており、それは縄文時代まで遡れる湧水池だったようです。

境内に縄文遺跡は確認されていませんが、一キロほど先の相模野台地上に岡田《おかだ》遺跡[26]があります。岡田遺跡は三内丸山《さんないまるやま》遺跡（青森県）に匹敵する日本最大級の大集落遺跡で、一〇〇〇～一五〇〇軒の竪穴住居があったと推定されています。寒川神社の豊かな湧水こそ、この大集落を維持できた理由だったのではないでしょうか。そして多くの命を育む母なる泉として、その後の時代にも神聖視されたのでしょう。

大集落遺跡に接する母なる泉

26：縄文中期の環状集落が集中して出土した大集落遺跡。弥生後期の方形周溝墓も確認されている。

岡田遺跡出土の釣手土器

（寒川町文化財学習センター蔵）

茅ケ崎杉山神社《ちがさきすぎやまじんじゃ》

横浜市《よこはまし》

杉山神社[27]は武蔵国の式内社《しきないしゃ》で、川崎・横浜を流れる鶴見川《つるみがわ》流域を中心に四四社確認されています。有力とされる論社《ろんじゃ》が四社あり、茅ヶ崎杉山神社はそのうちの一つで、港北ニュータウンとして開発された一帯の台地上に鎮座しています。周囲は遺跡だらけで、東京の多摩ニュータウンも丘陵地帯に造成され、たくさんの縄文遺跡が発見されていますが、よく似ています。

茅ヶ崎杉山神社にも、本殿裏の高台に境田《さかいだ》貝塚[28]があります。茅ヶ崎杉山神社は、現在都筑《つづき》中央公園の入口に鎮座しており、公園には、湧水や谷戸、台地の地形が保全されています。杉山神社はその名の通り樹木を御神体とする神社ですから、豊かな湧水を擁するこの地形が根源だったでしょう。神社にお詣りしてから緑豊かな公園を歩くと、港北ニュータウンが、縄文人が闊歩《かっぽ》した丘陵地帯であることを、今も十分に感じさせてくれます。

ニュータウンに残された縄文の面影

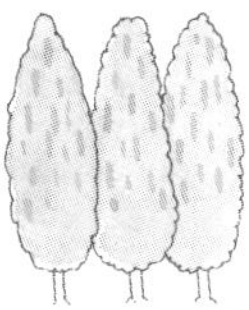

27：社伝では、安房神社の社主・忌部勝麿《いんべのかつまろ》が祖霊の天日鷲命《あめのひわしのみこと》、由布津主命《ゆふつぬしのみこと》を祀ったことに始まるという。

28：縄文前期の貝塚。海生であるハマグリやハイガイなどが出土しており、早淵川《はやぶちがわ》流域まで海が入りこんでいたことがわかる。

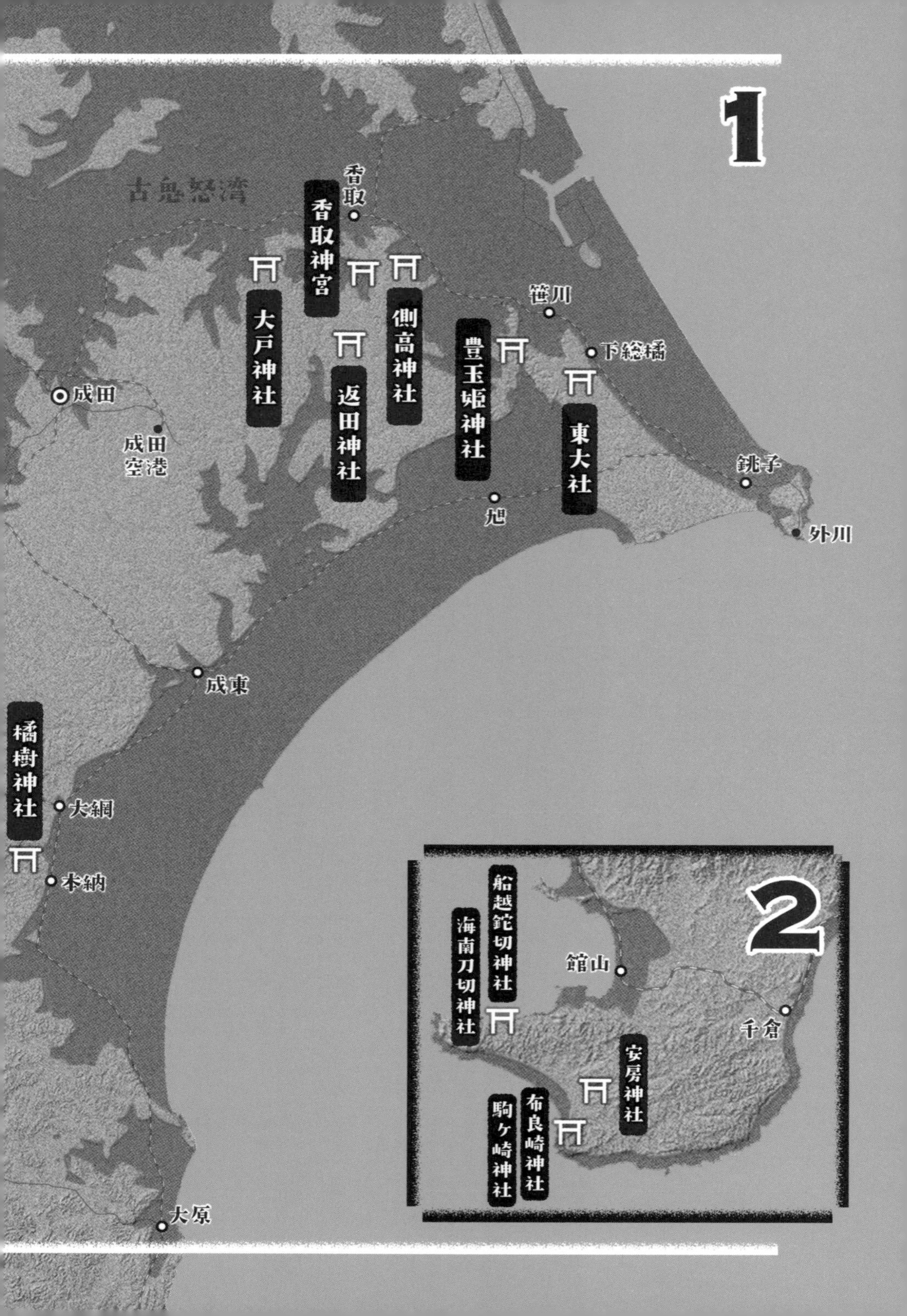
1
古鬼怒湾
香取
香取神宮
大戸神社
返田神社
側高神社
豊玉姫神社
東大社
笹川
下総橘
成田
成田空港
旭
銚子
外川
成東
橘樹神社
大網
本納
大原
2
船越鉈切神社
海南刀切神社
館山
千倉
安房神社
布良崎神社
駒ケ崎神社

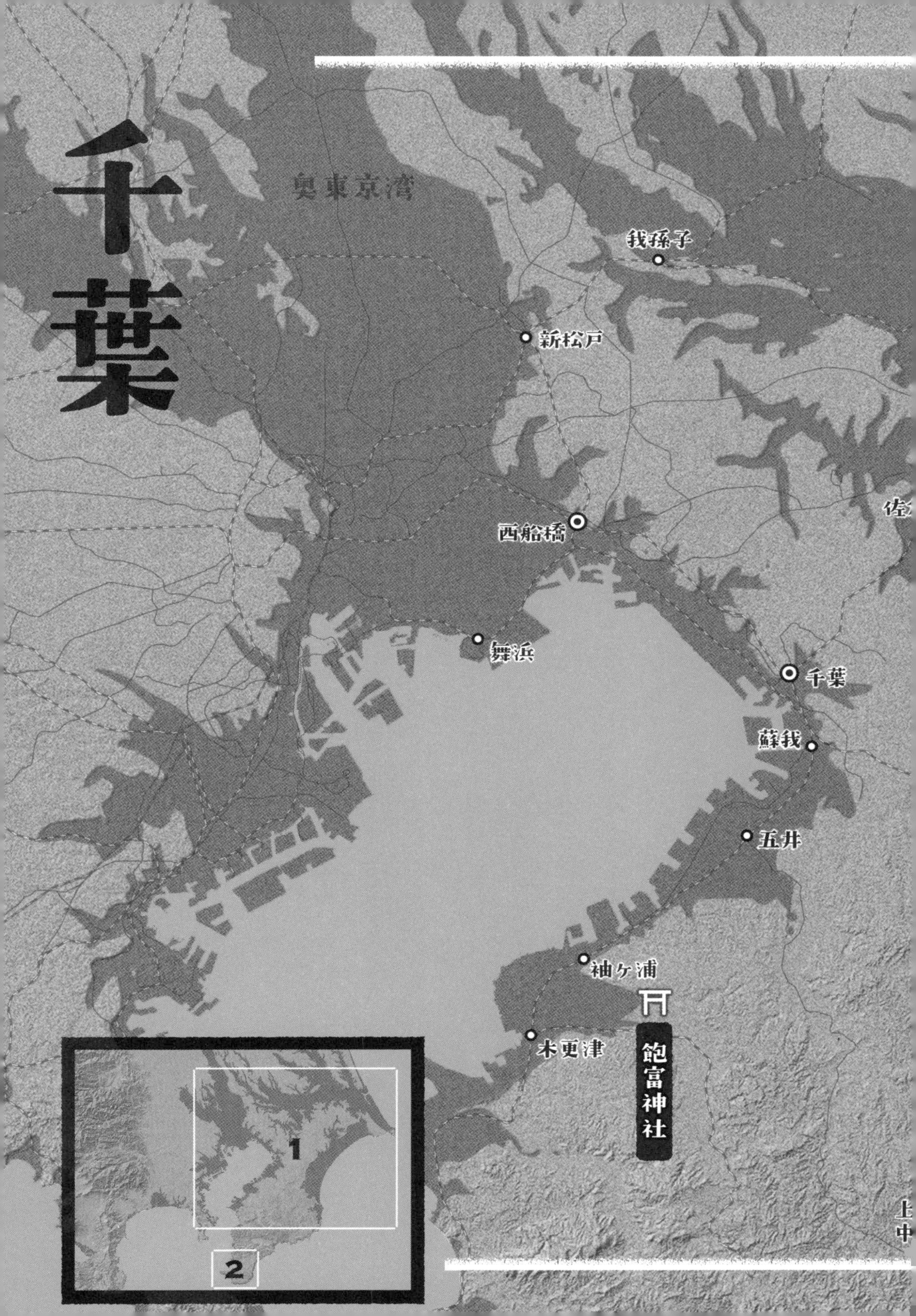
千葉
奥東京湾
我孫子
新松戸
西船橋
舞浜
千葉
蘇我
五井
袖ケ浦
木更津
飽富神社
1
2

安房神社《あわじんじゃ》

館山市《たてやま》

海の縄文神社の王

安房神社は、名神大社《みょうじんたいしゃ》☞1で、安房国の一宮《いちのみや》。房総半島を開拓した忌部氏《いんべ》☞2が上陸した場所に鎮座するという、関東でも屈指の名社です。

忌部氏が上陸したのはおそらく弥生《やよい》時代のことですが、房総半島には縄文遺跡が数多く発見されており☞3、縄文時代から栄えていた場所であったことがわかっています。

これまでご紹介してきた埼玉、東京、神奈川は、出雲《いずも》系の影響が大きい地域で、北陸や長野の影響を感じるお社《やしろ》が多かったのですが、房総半島は一気に系統が変わります。さらに外洋に接している地域（外房《そとぼう》）と、東京湾岸に接する地域（内房《うちぼう》）でも系統が異なります。そのためでしょうか。土地の雰囲気も何か違います。

海は海でも、外海に暮らす人たちと、内海に暮らす人たちでは、テイストがかなり違うんです。特に外房の地域は、「南の海風が吹いてきたな～」という感じがします。

☞1：千葉県は安房国、上総国《かずさのくに》、下総国《しもうさのくに》の3国からなり、それぞれの一宮が名神大社。香取《かとり》神宮（香取市、下総国）、玉前《たまさき》神社（長生郡一宮町、上総国）、安房神社（館山市、安房国）。

☞2：天太玉命《あめのふとだまのみこと》を始祖とする氏族で、中臣《なかとみ》氏とともに朝廷の祭祀《さいし》を担当した。忌部氏は幣帛《へいはく》（布）や鏡、玉、刀、斧などの調達、奉呈を司《つかさど》った。天太玉命は部下の神々に命じて作らせたとされ、産業全体の元締だったと考えられる。

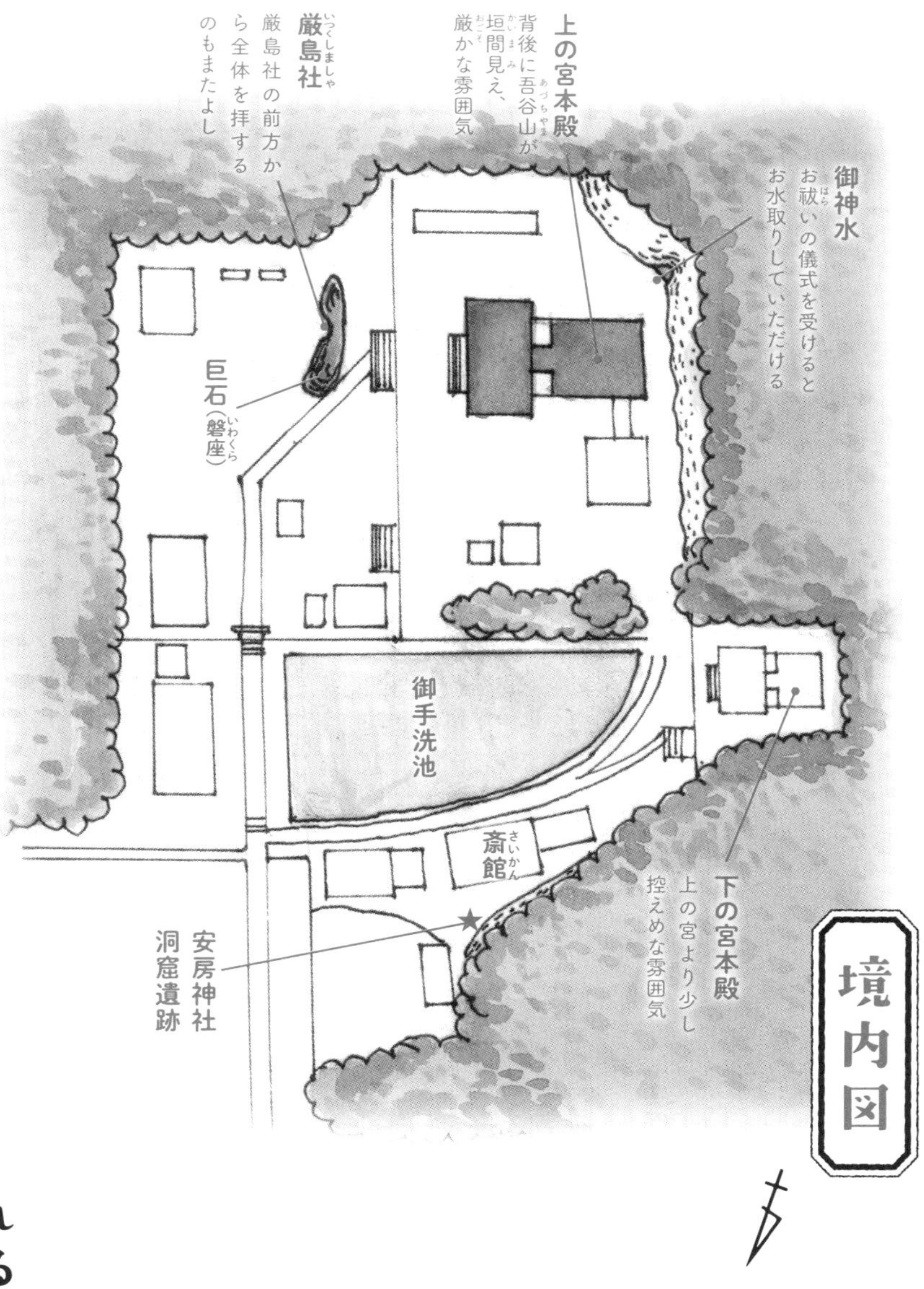

安らかな守護を与えてくれる海神

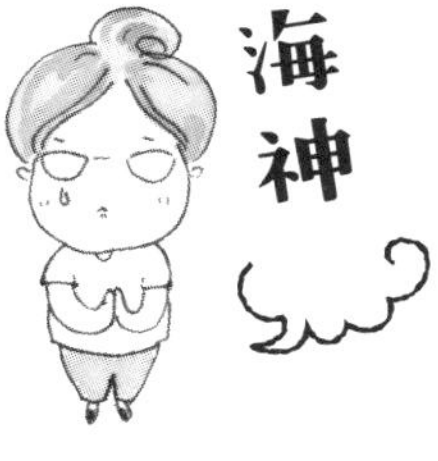

＊3：特に貝塚は全国の約30％が千葉県に集中している。

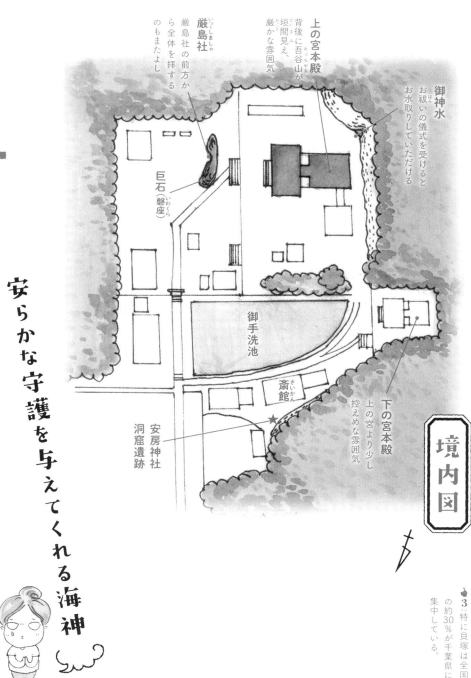

御神水

安房神社が鎮座する館山市は、そんな外房の最南部にあり、太陽と濃い湿度を感じる土地です。そして縄文から連なる歴史深い場所で、安房神社は、その中でも特別な場所に位置しています。王者の風格を漂わせる、まさに最強の縄文神社です。

吾谷《あづち》山《やま》山麓の湧水が根源

安房神社で縄文神社を感じられるポイントはどこかと考えてみると、なんと言ってもそのロケーションです。房総半島らしい緑の小山に囲まれた境内《けいだい》全域から湧《わ》き上がってくる空気が、明らかに違うのです。

地形を俯瞰《ふかん》してみると、安房神社が鎮座している場所は、背後にある吾谷山などの丘陵地帯の狭間にある谷であることがわかります。そして本殿の左奥、吾谷山崖下から、湧き出しているのが「御神水《ごしんすい》」です。この湧水の位置は谷頭《こくとう》にあたり、きっと太古にはこの湧水を起点に、谷津《やつ》が広がっていただろうと思います。実際この地の名前は大神宮《だいじんぐう》ですが、字名《あざめい》に宮ノ谷《やつ》とあることからも、そのことが偲《しの》ばれます。

また縄文時代には、海岸線も今よりもずっと近くにありましたから、目の前には豊かな海、背後には動物もたくさん暮らす低山を抱え、さらに水源となる湧水がある谷であったことが想像されます。これ以上ない、まさに一〇〇％の縄文ロケーションなのです。

海食《かいしょく》洞窟に眠っていた縄文の人々

そして、そんな最高の縄文ロケーションにある境内ですから、やっぱり縄文遺跡が発見されています。それも、房総南部ならではの「海食洞窟遺跡」です。

海食洞窟とは、波の浸食により、海岸崖の柔らかい部分がえぐられて形成された洞窟のこと。館山周辺には九つの海食洞窟遺跡が確認されていて、縄文前期の海進時《かいしん》（約六〇〇〇年前）にできた洞窟と考えられています。

館山湾岸の洞窟遺跡は、縄文後期から縄文の人々に使用された痕跡が残っていますが、安房神社洞窟遺跡☛4では前期末葉の土器が発見されているので、もっと早く使用されていたかもしれません。

さらに抜歯《ばっし》を施された人骨が発見され、縄文晩期後半の土器がまとまって発見されたこともあり、晩期の人骨ではないかと考えられているそうです。この人骨は埋葬さ

☛4：千葉県指定史跡。人骨20体以上、貝輪、縄文土器などが出土している。通過儀礼として健康な歯を抜歯する風習は、縄文晩期に盛んに行われており、当遺跡の抜歯人骨も晩期のものである可能性が高くなった。

安房神社洞窟遺跡

れたもので、安房神社が創設されるよりも五〇〇年以上前にこの地に暮らしていた人たちです。

この海食洞窟は、安房神社の鎮座する場所で、人が暮らしていた最も古い痕跡です。人が関わった痕跡で数えれば約六〇〇〇年間、埋葬された人々から数えれば約三〇〇〇年の年月があります。

現在、落盤した形跡などもあって洞窟の形状が失われており、洞窟内部を見ることはできませんが、境内の右手奥、斎館《さいかん》裏手の崖下に、洞窟遺跡の説明板があります。この説明板の崖方向ではなくて、説明板の手前左の地面から斎館の下あたりの地下一メートルの部分に、洞窟[5]があります。

そしてこの洞窟は、標高二二・五メートルに位置しますので、前期（縄文海進時）にはこの地点の手前まで海がきていたことになります[6]。人骨が埋葬された晩期には、もっと海岸線は下がっていたでしょうけども、一の鳥居のちょっと先ぐらいまでは、海岸線がきていたかもしれませんね。

5：洞窟の大きさは推定全長22メートル以上、幅3・5メートル、高さ2メートル。

6：房総半島南部の海岸沿いは海岸段丘が発達しており、段丘面がひな壇のように形成されている。海岸段丘は海水面の変動と、地震による隆起の組み合わせで形成される。安房神社洞窟は最も古い時代の海岸段丘面に属している。

拝殿前に鎮座する磐座《いわくら》と厳島社《いつくしましゃ》

それにしても、一九三二年に発掘されるまで、太古の人々の痕跡が残されていることを誰も知らなかったというのが、不思議です。神社の創始から二五〇〇年以上、誰にも知られないまま、地面の下に眠っていたというのが、何とも奥ゆかしい。

この海食洞窟は、住まいだった可能性も否定できませんが、定住生活の場というよりはキャンプ地、晩期には祭祀《さいし》や葬礼を行う場所だったと思います。では、この人たちの暮らしの場所はどこにあったかと言えば、それは、現在の安房神社本殿が鎮座している、谷頭周辺だっただろうと思うのです[7]。房総半島の海沿いは台風の影響を受けやすいですが、吾谷山に囲まれ、水源のある谷津は安全で、生活するにはもってこいだったでしょう。

そして、太古に接続するようなものが御神水の他にもう一つあります。それが、拝殿手前左手にある巨石です。

参道を歩いていくと斜めになっていて、拝殿、本殿の直線上にあるのは、参道ではなく、この巨石のはしっこにあたります。

そしてその巨石の真ん中には窪みが作られ、組み込まれたように、小さな祠《ほこら》が祀《まつ》られています。それがなんと厳島社なのです。

7：厳島社の左手の戦没者慰霊碑周辺と、上の宮本殿周辺から縄文土器の破片が出土している。ただし境内地形はかなり変更されているため、遺跡の性格はわからないという（『式内社の歴史地理学的研究』森谷ひろみ著）。

ゆるやかに包み込んでくれるような安心感

厳島社の御祭神は市《いち》杵《き》島《しま》姫命《ひめのみこと》で、弁才《べんざい》（財《ざい》）天《てん》と同体とされる水の女神ですね。そして、弁才天は縄文神社にやたらと登場する女神です。

明治の終わりぐらいまでは、磐座の周辺に小さな池があったとする説もあるのですが（『式内社の歴史地理学的研究』[8]より）、池はどのくらいのものだったか、今の様子から想像するのはちょっと難しい。ただ、縄文土器が出土したという慰霊碑との位置関係から考えると、あったとしても、それほど大きな池ではなかっただろうと思います。

いずれにしてもこの巨石は、いかにも磐座に見えます。しかし、磐座自体の真ん中をくりぬいて、厳島社をお祀りしているというのはなぜだろう？と不思議に思いました。磐座の前に祀られているのは見かけますが、このように巨石本体にはめ込むよう

8：森谷ひろみ著。同書に、1970年代には「石宮の弁天様」と呼ばれていたとある。

厳島社、磐座と上の宮拝殿。背後に見えるのが吾谷山

な形は、あまり見たことがありません。改めてこの磐座を、縄文神社的視野で見てみると、縄文ゆかりの「水の女神」のお社が、磐座の内部に組み込まれているように感じられます。

説明板に「社殿のできる前にはこれを岩座《いわくら》として、祭神を天よりあるいは吾谷山の頂より招いて、原始的な祭祀が行われていたと考えられている」とあります。つまり、山の神を降ろす依《よ》り代《しろ》であったということですよね。しかしこの説明板には、なぜ厳島社が磐座に組み込まれているのかについては、書かれていません。

例えば、この場所が太古に「水の女神」を祀る場所だったという共通認識がうっすら残っており、後代になっても「磐座の前に厳島社を置くのではなく、岩の内部にはめこませると、しっくりくる」……と考えた（感じた）人がいたというのは、どうでしょう。それがこのようなデザインを生んだとは考えられないでしょうか。

そうして結果的に、聖地全体のエッセンスをまとめた場所、ミニチュア版になっているような気がします。巨石は山の象徴、そして巨石の内部には水の源（厳島社）がある、そんな構成です。

だからでしょうか。この磐座の周りはとにかく気持ちがいいのです。

参道から離れて、磐座前の広場から、拝殿、吾谷山を眺《なが》め、ぐるりと全体を見渡してみます。すると、この広場が拝む場所（拝殿）で、磐座が本殿、そして吾谷山と湧《ゆう》水《すい》が奥宮のように思えてきました。さらに視界を解き放してみると、奥宮の先にあるのは、安房神社の前宮とされる布良崎《めらさき》神社[9]であり、その前に広がるのは、大海原なのです。そんなことを考えていたら、緊張がほどけるような、肩の力が抜けるような気がしました。

安房神社の雰囲気を一言であらわすとしたら、「安心感」だと思います。

ふと思い出したのは、子どもの頃の体験です。冬の雑木林の中で、どんなに強い木枯らしが吹く日でも、風が通らず、日当たりが良くて暖かいスポットを見つけました。私はその場所が大好きになって、いつもそこで昼寝をするようになりました。ここなら大丈夫、安心できる――そんな気持ちだったのですが、その時の心境と、安房神社の磐座の前で感じる思いは、よく似ています。

感じるのは、隙《すき》のない保護ではなく、柔らかな守護。どことなく自由さを感じるのは、外海に接続していく聖地だからなのかもしれません。

9：安房神社は717年まで、海側の布良地区に鎮座していたとする伝承があり（平安末期までという説もあり）、そのような経緯から、現在でも布良崎神社は安房神社の前殿（下社）とされている。

布良崎神社《めらさきじんじゃ》

館山市《たてやま》

安房神社の始まりの場所として名高い布良崎神社は、安房神社から丘陵地帯を挟んでほぼ南の海岸段丘上にあります。太平洋が眼前に広がる、非常に眺めのよい高台に鎮座していて、境内を芝生が青々と覆い、南洋の島にあるお社のような底抜けに明るい雰囲気があります。

拝殿を背にして参道の方を見ると西に向かっているので、参道の先に沈む太陽が見られるでしょう。また、富士山も望めるそうで、海をまたいで富士山を遥拝できるという、絶好の縄文ロケーションにあります。

また、御神宝《ごしんぼう》に石棒《せきぼう》があり、すぐ近くに鎮座している駒ヶ崎《こまがさき》神社裏の海食洞窟遺跡から出土したものと伝わっています。

実は、かつてはもっと低い地点に鎮座していましたが、元禄《げんろく》大地震の被害で流失したり、火事や台風などによる災難が続いたため、現在の高台に遷座《せんざ》したそうです。

外海に開かれる視界と太陽崇拝《たいようすうはい》

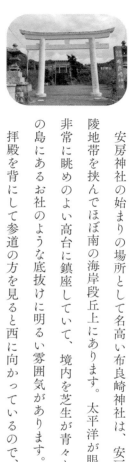

駒ヶ崎神社《こまがさきじんじゃ》

館山市《たてやまし》

駒ヶ崎神社は、布良崎神社から南へ四〇〇メートルほど。本殿裏の海食洞窟から縄文遺跡が出土しており、この洞窟が駒ヶ崎神社の根源と考えていいのではないかと思います。江戸時代にこの遺跡から大型石棒が発見され、布良崎神社に祀られました。この石棒は縄文中期末から後期初めのものと考えられているため、この洞窟には中期後半から後期前半に神祀りをした人々がいたということを示しています。

ここで注目したいのは、この石棒が北関東から運ばれてきたと推測されていることです[10]。山や内陸部に暮らす人々と、海に暮らす人々が距離にかかわらず交流を持っていたことを証明しています。また、石棒は破損したものが多いのですが、この石棒は完形で、しかも貝殻が付着していることから、しばらく海中に置いてから、引き上げて使用したと推定されており、水の祭祀に関わる呪具《じゅぐ》だったと考えられています[11]。

始まりの場所と海食洞窟

10：素材である緑泥《りょくでい》片岩《へんがん》は、関東では主に埼玉県北部から群馬県南西部で産出する。全長89・5センチ、重さも15・5キログラムとかなり大型。

11：館山市公式チャンネル公開動画『令和2年度ふるさと講座プラス　講演「布良崎神社縄文時代石棒の文化財指定について」講師：大工原豊氏（國學院大學兼任講師）』による。

船越鉈切神社《ふなこしなたぎりじんじゃ》・海南刀切神社《かいなんなたぎりじんじゃ》

館山市《たてやま》

参道は時間を遡《さかのぼ》る装置

房総半島西南部、対岸に三浦半島が望める館山市の西岸部には、船越鉈切神社と海南刀切神社があります。県道を挟んで二社に分かれていますが、古くは船越鉈切神社を上ノ宮、海南刀切神社を下ノ宮と呼び、二社合わせて一社だったそうで、今も地元では、「なたぎり神社」というと、両社を指すそうです。

安房神社とはまた違う意味で、極めつけの縄文神社が、山側の「船越鉈切神社」です。上ノ宮こと船越鉈切神社は、本殿が海食洞窟遺跡の中に鎮座していて、しかもそこに至る参道の段々が、地震ごとに隆起した「地震隆起段丘」[12]なのです。

鳥居をくぐって参道を上っていくと、縄文前期の地点――本殿・海食洞窟遺跡に到達することになります。歴史上の時間を、ここまで明快に体感できる神社は、なかなかないと思います。ここでは、参道を上っていくということは、時を遡ることなのです。

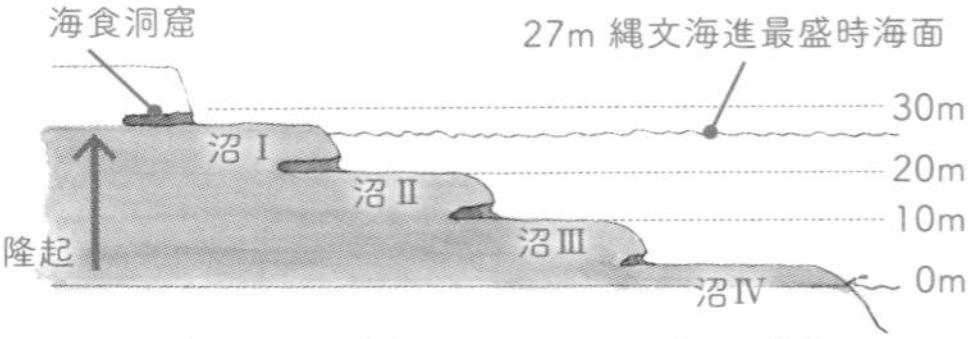

『館山湾の洞窟遺跡』（館山市立博物館）を元に作成

12：房総半島南部の海岸段丘は、巨大地震で隆起した面が4段の壇状に見られる。その面は館山市沼の地名にちなみ、沼Ⅰ～Ⅳ面と呼ばれている。

恵み深き海の女神

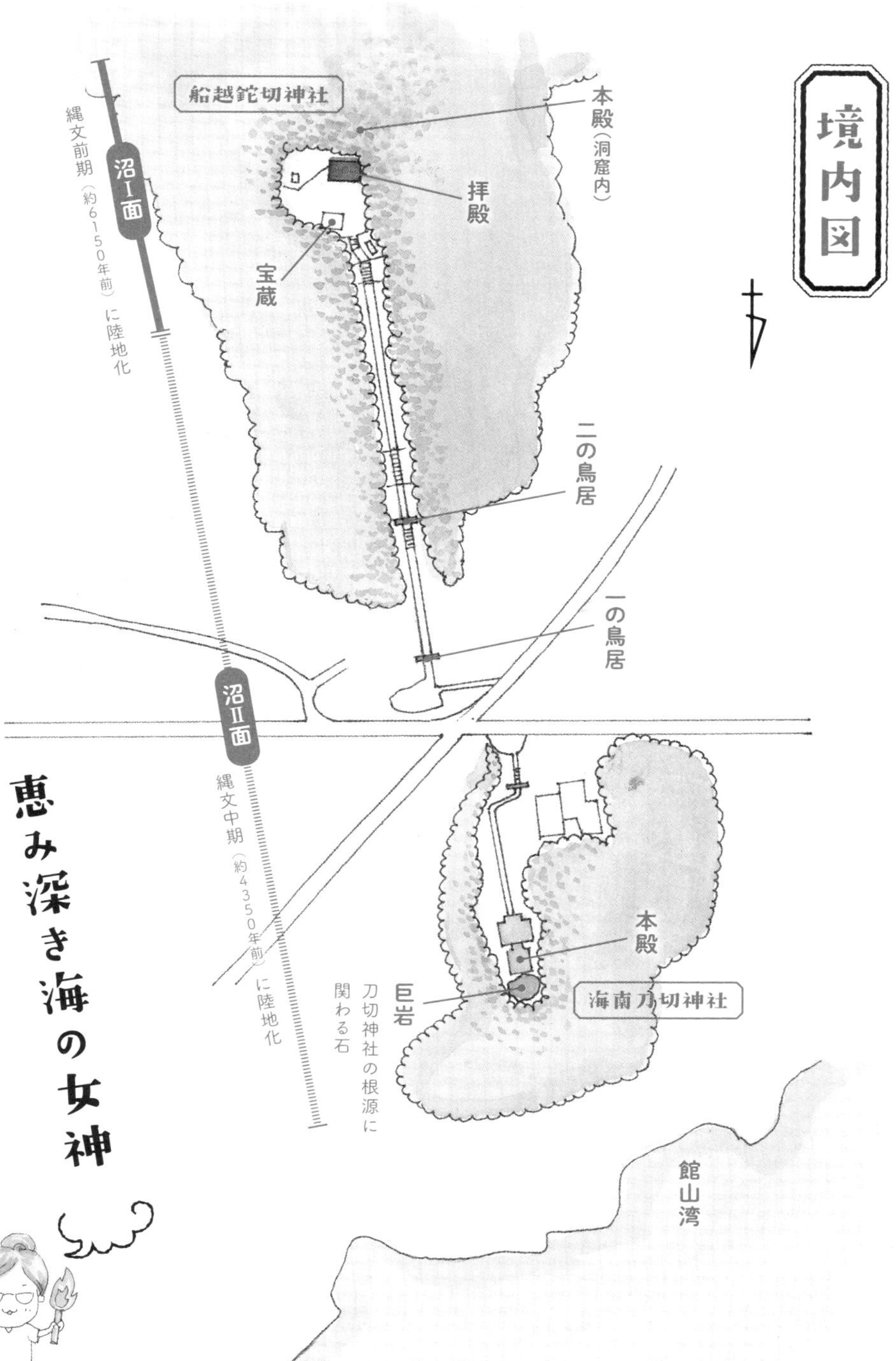
境内図
船越鉈切神社
本殿（洞窟内）
拝殿
宝蔵
二の鳥居
一の鳥居
沼I面
縄文前期（約6150年前）に陸地化
沼II面
縄文中期（約4350年前）に陸地化
本殿
巨岩
刀切神社の根源に関わる石
海南刀切神社
館山湾

一の鳥居から拝殿のある平坦地手前までが縄文中期頃（沼Ⅱ面）、その平坦地以降が縄文前期に陸地化したところ（沼Ⅰ面）です。標高七〇メートルの山頂までが斜面になっていて、その斜面に海食洞窟が開口しています。そしてその海食洞窟に、船越鉈切神社本殿があるんです。

細長い境内は、鎮守[13]の森が生き生きとしています。近所の子どもたちが、参道で追いかけっこをしていましたが、上ってきた私に気付くとさっと横にどき、ぺこりとお辞儀をしてくれました。そんな光景がこのお社にはよく似合います。

段丘面ごとに立ち止まって、後ろを振り返ってみます。参道には木々の木漏《こも》れ日が映り、光と陰翳《いんえい》の対比がとても美しい。その間を風がすうっと抜けていきます。

最後の階段を上り切ると、拝殿の前の小さな広場に出ます。拝殿の右横に洞窟の説明板があり、そのあたりから、本殿を覗《のぞ》き見ることができます。

この洞窟からは、魚貝類やイルカ、鹿やイノシシといった哺乳類の骨のほか、土器や鹿角製釣針や銛《もり》などが出土していますが、出土した土器には、対岸の三浦半島の影響が見られるそうです[14]。縄文時代の人々が、東京湾を行き来していた証《あかし》ですね。

この場所でどのような祭祀が行われていたかは定かではありませんが、人々の暮らしがあったことは確かです。当然、そこには祈りがあっただろうと思います。

13：土地を霊的な禍《わざわい》から守護する神のこと。

14：縄文前期・中期・後期の土器が確認されているが、最も多かったのは称名《しょうみょう》寺《じ》式土器だった。称名寺式土器は、後期初頭の称名寺貝塚（横浜市金沢区）を標式遺跡とする土器で、対岸との交流を示している。

洞窟内の本殿

洞窟はなぜこうも神秘的なのか

洞窟を覗き込むと、小さいながら立派な祠が見えます。開口部の光で見えるのはそこまでで、洞窟の奥は真っ暗で見えませんが、それもそのはず。奥行きはなんと三六・八メートルもあるんだそうです。

ひんやりとした空気が流れてきて、さらに覗き込もうとした私の顔を撫《な》でます。天性のビビり体質の私は、ススッと後ろに下がりました。

洞窟というのは、なぜこう神秘的なんでしょうか。この洞窟は行きどまりだとわかっていても、もっと遠くまでつながっているんじゃないかと想像してしまいますね。そういう感覚は、昔の人も持っていたようで、この洞窟は安房神社の近くにある犬石《いぬいし》地区の小洞窟までつながっているという伝承もあったそうです。大蛇が棲《す》んでいたという民話もあるそうですが、その民話にも共感します。何かしら強そうなものが棲

洞窟内

本殿
暗闇の中、太陽光でほのかに照らし出されている

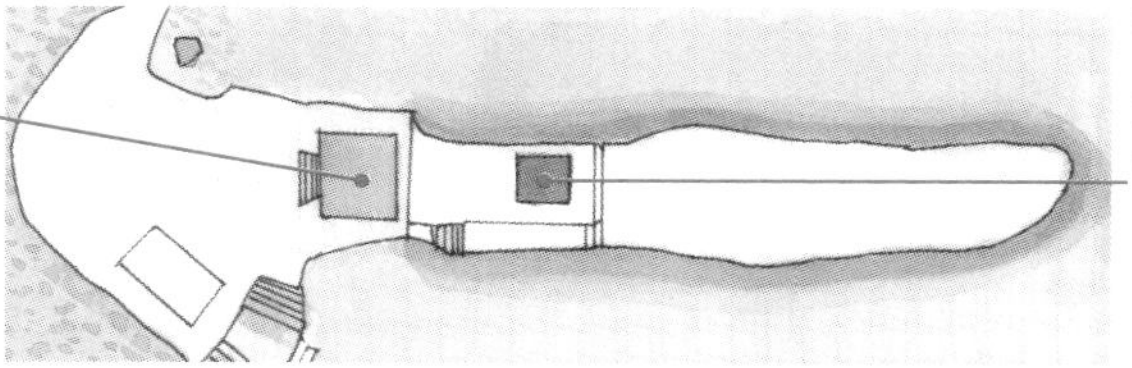

拝殿
右横付近から洞窟の内部をうかがえる

んでいそうですもの。

洞窟は異界への入り口と考えられました。日本神話で言えば黄泉国《よみのくに》（死後の国）へのアクセスポイントです。そのため、洞窟は御神体として祀られました。縄文時代にも、同じような感覚はあったのではないかと思います。

海の恵みをもたらす女神

現在お祀りされているのは、豊玉姫命《とよたまひめのみこと》という女神です。この女神は、海神《わたつみ》の豊玉彦命《とよたまひこのみこと》（大綿津見神《おおわたつみのかみ》）の娘さん。日本神話の「海幸彦《うみさちひこ》と山幸彦《やまさちひこ》」の物語[15]で、兄・海幸彦に借りた釣り針を探して竜宮にやってきた山幸彦の奥さんになった女神で、初代神武《じんむ》天皇[16]のお祖母《ばあ》さんにあたる女神です。豊玉姫は神話の中で、地上に還《かえ》りたくなった夫・山幸彦を、身重の身ながら送り出します。そして出産のために山幸彦のいる地上に行きますが、約束を守らなかった夫[17]に別れを告げて海に還ります。しかし、しっかり赤ちゃんを産んで、実妹の玉依姫命《たまよりひめのみこと》を地上に送り、息子を養育させました。

この豊玉姫の人物像に、海の女たちのたくましい姿を見る気がします。毅然《きぜん》とした態度、しかしできる限り分け与えようとする情の深さ。山幸彦は豊玉姫を失ってしまいますが、立派な息子と、息子の乳母《めのと》となりのちに息子の妻となる義妹、そして海がもたらす富を得るのです。

15：天照大神の孫〈天孫〉瓊瓊杵尊《ににぎのみこと》の息子・火闌降命《ほのすそりのみこと》（海幸彦）、彦火火出見尊《ひこほほでみのみこと》（山幸彦）にまつわる物語で、皇祖につながる物語。

16：諱《いみな》は神日本磐余彦尊《かんやまといわれびこのみこと》（『日本書紀』）。山幸彦と豊玉姫の息子・鸕鷀草葺不合尊《うがやふきあえずのみこと》と玉依姫命《たまよりひめのみこと》の第四子。実在していたか、いつの時代の人物だったかについては諸説ある。明治時代に慣習的に紀元前660年即位とされた。

豊玉姫の正体は「八尋《やひろ》の大和邇《おおわに》」とされています。つまり、ものすごく大きなワニですね。ワニはサメを意味するとする説もありますが、いずれにしても、海に棲む生物がモチーフになっています。ワニは「龍」とも呼ばれたので、龍蛇《りゅうじゃ》信仰の一形態と言っていいと思います。つまり、豊玉姫は龍（蛇）の女神です。

この豊玉姫は、特に外海をゆく海の民に信仰されました☞18。弥生以降の神話に登場する女神ではありますが、縄文の蛇信仰にまで接続していく古い神ではないかと思います。弁才天がそうだったように、縄文の雰囲気に近い女神なのです。ですから、船越鉈切神社の御祭神が豊玉姫というのは、ものすごく腑《ふ》に落ちます。

鉈切神社にまつわる伝説には、大蛇にまつわるエピソードが多く、また鉈切神社に祀られている神は、豊玉姫ではなく奇稲田姫命《くしいなだひめのみこと》とする説もあるようです。クシイナダヒメは、四四ページでもご紹介しましたが、縄文につながるイメージを持つ神様です。神の名前は違いますが、いずれにしてもこの地の神には、「蛇の女神」というイメージがあったと読み取っていいでしょう。

これまで見てきた、〝陸の〟蛇の女神は水源の女神で、大地の恵みを象徴する女神でした。一方、房総半島では、海の匂いが立ち上がってくると言いますか、ちょっと雰囲気が違います。鉈切神社の根源を象徴するのは、蛇は蛇でも海の蛇。そして海の底から富を運んでくれる、恵み深き異形《いぎょう》の女神なのです。

☞17：豊玉姫は「出産する時は、自分の姿を決して見ないでくれ」と山幸彦に言って産屋《うぶや》に籠もったのだが、山幸彦は約束を破って産屋の中を覗いてしまう。

☞18：豊玉彦（父）と豊玉姫・玉依姫（娘）にまつわる神話は、対馬《つしま》や九州北部を中心とする海洋民に伝承される神話で、この神々のお社は外海に関わりの深い土地に鎮座することが多い。

豊玉姫神社《とよたまひめじんじゃ》

香取市《かとり》

縄文の宝庫を守護するお社

千葉県北部の下総《しもうさ》台地[19]東部に鎮座するお社で、船越鉈切神社と同じく豊玉姫命が主祭神です。古くはこの地（編玉郷貝塚《あみたまごうかいづか》）の総鎮守として、編玉惣社大宮大明神《あみたまそうじゃおおみやだいみょうじん》、中世以降は新宮明神と呼ばれたと伝わります。

緑の丘が連なる風景の中にたたずむ様子がなんとも可愛《かわい》らしく、その様子を思い起こすだけで幸せを感じるような可憐《かれん》さ。豊玉姫という女神の鎮座する場所としては、一〇〇％納得の縄文ロケーションです。実は境内に縄文遺跡は確認されていないのですが、豊玉姫神社が鎮守する地域は縄文遺跡の宝庫なので、その地域も含めて縄文神社としてご紹介したいと思います。

今でこそ海まで距離がありますが、縄文時代には、豊玉姫神社の鎮座する場所のすぐ近くまで海でした。その証拠にこの地域には、利根川流域最大の貝塚・良文《よしぶみ》貝塚[20]があり、また一キロほどのところに阿玉台《あたまだい》式土器の標式遺跡となっている阿玉台貝塚[21]

19：千葉県中部から北部にかけて広がる台地。北は利根川、南は東京湾、西は江戸川に、南東は房総丘陵、東は九十九里浜低地に接している。

20：国指定史跡。利根川下流域で最大級の貝塚で、縄文中期を主体とする。標高50メートルの丘陵部を中心として、貝塚が9カ所、ブロック状に存在している。

千葉

外洋の海神につながる女神の聖地

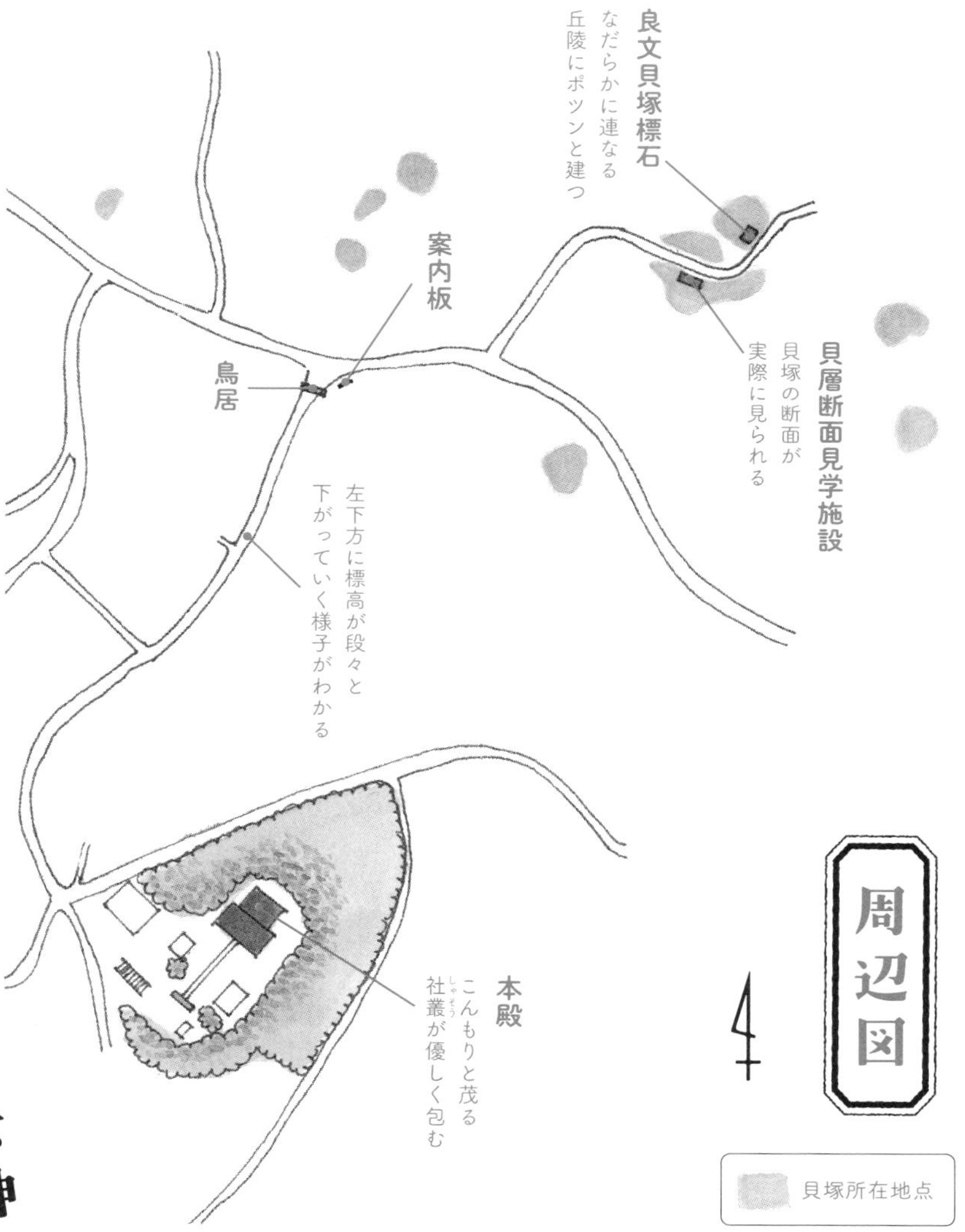

21：国指定史跡。縄文早期末・前期の土器も出土するが中期が主。本貝塚から発見された土器は、関東の中期前半を代表するもので「阿玉台式土器」と命名された。阿玉台式土器は粘土に金雲母《うんも》とよばれる鉱物が混ぜられているため、光に照らすとキラキラ光るのが特徴。

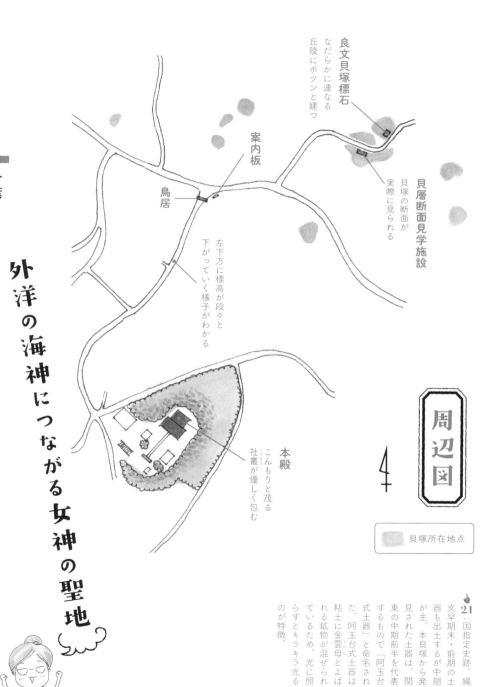

良文貝塚の標石

があります。千葉県は、全国で最も貝塚がある県で、その中でも最初期の貝塚が確認されるのがこの地域なのです。

現在、この周辺は「田園空間博物館」として整備され、貝塚などを中心に、農村景観が保全されています。そのため、いたるところに案内板があるので、阿玉台貝塚や良文貝塚を歩いて見て廻ることができます。

香炉《こうろ》形《がた》顔面《がんめん》付《つき》土器《どき》

良文貝塚出土。縄文後期のもので、用途は不明だが、中は空洞。中期の釣手土器が前身とされ、呪具であったと考えられる。

（写真提供＝香取市教育委員会）

南国のような濃密で軽やかな雰囲気

豊玉姫神社の鳥居は、良文貝塚の標石近くの道路にあります。鳥居の左手には豊玉姫神社への案内板があり、良文貝塚で出土した名品「香炉形顔面付土器」の説明板もあります。この個性的な土器はおそらく呪具であったでしょう。このような土器が出土していることを念頭に置きつつ、鳥居をくぐります。

鳥居を過ぎたあたりから、私はやたらとワクワクし始めました。左手下方には、丘陵地帯に畑が広がる様子が遠望できます。その光景を見ながらゆるやかな道を下っていくと、なんとも気持ちが晴れやかで、楽しいのです。

ふと、こういう心境になったことがあるな……と思いました。そういえば、沖縄本島の東南部を旅した時の心持ちと似ているんです。その時、私は琉球《りゅうきゅう》の創世神話にまつわる巡拝が発祥である「アガリウマーイ（東御廻り）」[22]をトレースしていたのですが、あの時の心境と共通するものがあります。沖縄と房総と言うと、黒潮《くろしお》を介してつながりがあっただろうと思いますが[23]、風土としても共通したものがあるのかもしれません。

豊玉姫神社の境内は、管理が行き届いて清々《すがすが》しく、地域の皆さんがこのお社を大切にしていることがよくわかります。平安末期くらいまでは、もう少し高台にあったそうですが、風害で今の場所に遷座したそうです。やはり、房総は高い山もありませんし、台風がきたりすると、風のあたりが強いんでしょうね。とはいえ、今の鎮座地も少し張り出した場所で、緑の岬のように感じます。

22：アガリは東のこと。琉球の創世神アマミキヨにまつわる聖地をメインに、三山統一を果たし（1406年）、琉球最初の統一王朝の始祖となった尚巴志《しょうはし》（第一尚氏王家）ゆかりの聖地を巡るルート。

23：黒潮は、北太平洋中緯度の西側から日本列島南岸に流れる海流。黒潮の流れが南方から動植物や人・文化を運び続けており、その要素を共通して持つ文化を「黒潮文化圏」と呼ぶ。「山幸彦・海幸彦」の説話もこの文化圏に属する。

素木《しらき》の鳥居をくぐると安定した空気が増す気がしました。境内はこぢんまりとしていますが、巨木がたくさん生えていて、生命力溢《あふ》れる濃密な気配を加えています。濃密でありながら軽やか……。こういう雰囲気はまさに縄文神社です。淀《よど》んでいなくてちゃんと循環している感じ。気が濁《にご》っていない、沈んでいないのです。

そしてなんとなく開放的な空気感があります。海の人々の大らかさのようなもの。さすが豊玉姫をお祀りする神社です。この場所にはそのエッセンスが凝縮されているような気がします。

二〇年に一度、銚子の海神のもとへ

縄文時代とは異なり内陸部となった今でも、豊玉姫神社が海と強いつながりを持ち続けていることがわかる行事があります。それが最も重要なお祭り「銚子大神幸祭《ちょうしだいしんこうさい》」です。

「九〇〇年ほど昔のこと。高見浦《たかみのうら》（銚子市高神《たかがみ》、外川浜《とがわはま》付近）が怒り、海は荒れて地震が起き、人々を苦しめたため、朝廷は海上郡《うながみぐん》の総社だった東大社《とうだいしゃ》、豊玉姫神社、雷《らい》神社の神々に、『銚子の海まで行って海神[24]の怒りを鎮めるように』と勅命《ちょくめい》を出した。命《めい》に従って三社の神々が高見浦に集合して祭祀をとり行ったところ、海神の怒りが治まり、大豊漁、大豊作となった……」

24：豊玉彦命（別名、大綿津見神）。

このような故事にちなみ、その後も二〇年に一度、ずっとお祭りが行われています。

このお祭りのポイントは、「神が動く」という点です。豊玉姫はお神輿《みこし》に乗って、概念的にではなく、実際に動いて銚子へ赴《おもむ》きます。発端《ほったん》はともあれ、まるで豊玉姫が、海（実家）に還るようなお祭りで、しかもそれが、「銚子」という点が気になります。

銚子にはやはり縄文遺跡が数多くあり、とくに豊玉姫が出向いたという高見浦に近いエリアにある粟島台遺跡《あわしまだいいせき》[25]は、前期から発達していた集落遺跡であり、中期には琥珀《こはく》加工が行われていた遺跡として有名です。そのような古い場所に、同じように古い豊玉姫神社がお祭りを通してつながり続けているというのは、意味ありげです。

豊玉姫神社の境内

私はこの神事には、太古から継承されてきた共通認識が、前提としてあったのではないかと思うのです。というのも、朝廷がこの三柱を出向かせたのは、その三柱が、銚子の海と関係があるという前提があったからだと思います。偉い人が怒った時に、関係のない人になだめてく

25：縄文前期～後期初頭の遺跡。琥珀の原石と琥珀の剝片が多数検出され、琥珀の生産供給基地として推定されている。琥珀が出土した層は阿玉台式期が最古のため、琥珀の利用は中期前半まで遡ると考えられる。

れとは言いませんよね。「この人が諭《さと》したら、怒りを治めてくれる」と期待できる人に頼むでしょう。

前述した通り、豊玉姫は海神の娘で、東大社の主祭神は実妹の玉依姫命です。娘たちになだめられたら、お父さんも矛《ほこ》を収めるしかありません。神話ですから象徴的ですが、それぐらい関係性が深いと考えられてきたと解釈していいでしょう。

そして、三社ともに縄文遺跡のある古くから栄えていた地域に鎮座しています。そのような古い土地の神々が、二〇年に一度、海（実家）に帰省する、それはつまり、根源の地に巡礼しているということではないでしょうか。

私は豊玉姫神社の空気感がアガリウマーイと似ていると感じたことも、私の思いこみだけではないと思っています。

大神幸祭とは、太古の記憶を、形を変えて継承しているお祭りではないかと思うのです。このお祭りを通して、もはや内陸に位置している豊玉姫神社も東大社も雷神社も、海とのつながりを再構築しているのではないでしょうか。

二〇年に一度、豊玉姫神社の海の文化はバージョンアップされているのです。そしてそれは、縄文まで遡れる深い文化の積み重なりが根源にあり、未来へと向かっている。だからこそ、この場所は安定しているのに、淀みなく、軽やかに感じるのではないかと思います。

東大社《とうだいしゃ》

香取《かとり》郡東庄《とうのしょう》町

住宅街に不意に現れるY字路の俣《また》部分に鎮座しています[26]。平らかなので台地にあるようには感じませんが、いかにも氷川神社が鎮座するようなシチュエーションに鎮座しているので[27]、古い時代には、もう少し高低差があったのかもしれません。縄文時代には、鳥居のあるあたりは内陸の奥まったところ、本殿の裏手から少し歩いたエリアが海に面していたと考えられます。静かな湾の奥にあたるエリアで、生活するのにはもってこいの環境だったことでしょう。やはりこの本殿裏手の北西エリアから縄文遺跡[28]が出土しており、周辺一帯に縄文時代から人の暮らしがあったことがわかっています。

御神体が霊石（玉）で主祭神は玉依姫命。実姉とされる豊玉姫も「玉」が名前に入っていますし、「玉」に縁が深い気がします。「玉」とは霊《たま》（魂）とも、あるいは海から寄り来《きた》る恵みとも考えられ、不思議な力を象徴する呪具であったのかもしれません。

海の霊石と玉の女神

26：埼玉県の氷川神社は川や道の交差するY字路の俣にあたる台地に鎮座していることが多く、縄文神社と重なることが多い。

27：本書72ページ「ザ・氷川神社！」の脚注参照。

28：青馬広畑《おうまひろはた》遺跡。早期、晩期の縄文遺跡で、集落跡が出土している。

橘樹神社《たちばなじんじゃ》

茂原市《もばら》

上総国《かずさのくに》二宮《にのみや》で、主祭神は日本武尊《やまとたけるのみこと》の妃・弟橘媛命《おとたちばなひめのみこと》です。橘は日本固有の柑橘類《かんきつるい》で、美しい常緑の葉から聖樹と考えられており、弟橘媛命はその聖樹の神の巫女《みこ》だったとする説があります。そんな優しげな御祭神の雰囲気もあってか、境内にはのどやかな雰囲気が漂います。本殿裏の古墳は弟橘媛命のお墓と伝わり、御神体とされているため、弥生以降のお社かと思いきや、境内と周辺に縄文遺跡[29]が出土しており、太古から人の暮らしがあったことが確認されています。

関東には日本武尊ゆかりの神社は多いのですが、東京湾周辺には入水《じゅすい》伝説[30]の影響もあり、弟橘媛命を祀る神社が多く、媛の方が主役の感があります。房総では豊玉姫や玉依姫も主祭神とされることが多く、縄文からの女神信仰が継承されているということなのかもしれません。いずれにしても、縄文神社は女神の気配が強いのです。

優しい聖樹の巫女女神

29：宮ノ下遺跡。縄文時代中期の土器（加《か》曽《そ》利《り》E式）が出土している。

30：日本武尊が東征《とうせい》した際に、妻の弟橘媛命が身を投げて荒れた海を鎮めたという故事。

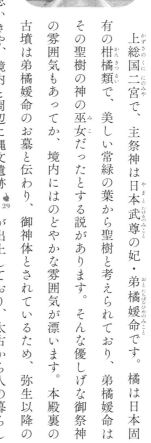

飽富神社《あきとみじんじゃ》

袖ケ浦市《そでがうら》

千葉県の中西部、小櫃川《おびつがわ》流域の北から東に発達する丘陵に鎮座しています。袖ケ浦市唯一の式内社《しきないしゃ》で、古くは飫富・飯富と書かれ、「おおのみや」とも呼ぶため、多《おお》氏[31]ゆかりのお社と考えられます。創建は不詳ですが、急坂の先にある高台に鎮座しており、いかにも縄文神社らしいロケーションです。境内には土偶《どぐう》や土器が出土している後期の飯富《いいとみ》馬《ば》場《ば》遺跡があり、一キロほど北東には国指定史跡の山野《さんや》貝塚[32]があります。

山野貝塚は南北に一一〇メートル、東西一四〇メートルにも及ぶ大規模な集落遺跡です。ここがすごいのは、二七〇〇年前に人が住まなくなってから土地の改変が少ないため、貝塚の遺構がそのまま出土しているところ。ちょっと付近を歩いてみるだけで、貝や土器が落ちているのを見かけました。神社の近くに袖ケ浦市郷土博物館があり、周辺や山野貝塚の出土物はもちろん、復元住居なども見学できます。

名族多氏の古社と山野貝塚

31：大和国出身の氏族。意富・飫富・大・太・於保とも記す。神武天皇の皇子・神八井耳命《かむやいみみのみこと》を祖とする名族で全国に広く分布する。

32：縄文後期前葉から晩期中葉の貝層を伴う遺跡。

香取神宮《かとりじんぐう》

香取《かとり》市

日本列島有数の聖地

下総国《しもうさのくに》一宮の香取神宮は、関東だけではなく、全国においても屈指の名社です。なんといっても延喜式《えんぎしき》に「神宮」と書かれたのは、鹿島《かしま》と香取と伊勢《いせ》の三社だけ。延喜式の神名帳《しんめいちょう》に掲載されている神社二八六一社のうち、最も社格が高いとされた「神宮」三社のうちの二つが、関東のこの地域にあるというのは、面白いですよね。

つまりヤマト朝廷《ちょうてい》にとって、この地域が非常に重要だったわけです。その理由はいろいろ考えられますが、最も一般的なのは、朝廷の東北侵攻の前哨基地《ぜんしょうきち》であったからでしょう。しかしヤマト朝廷の東北政策から、この地の繁栄が始まったというわけではないのです。それよりもはるか昔からこの地に人間の暮らしがあり、一大文化圏を形成していた。だからこそ朝廷はこの地を重要視したし、押さえる必要があった――と考えたほうが自然だと思います。

その文化は太古からの蓄積があって生じたもの、深い根っこのあるものでした。と

楫《かじ》取《とり》(海民)たちの母なる神

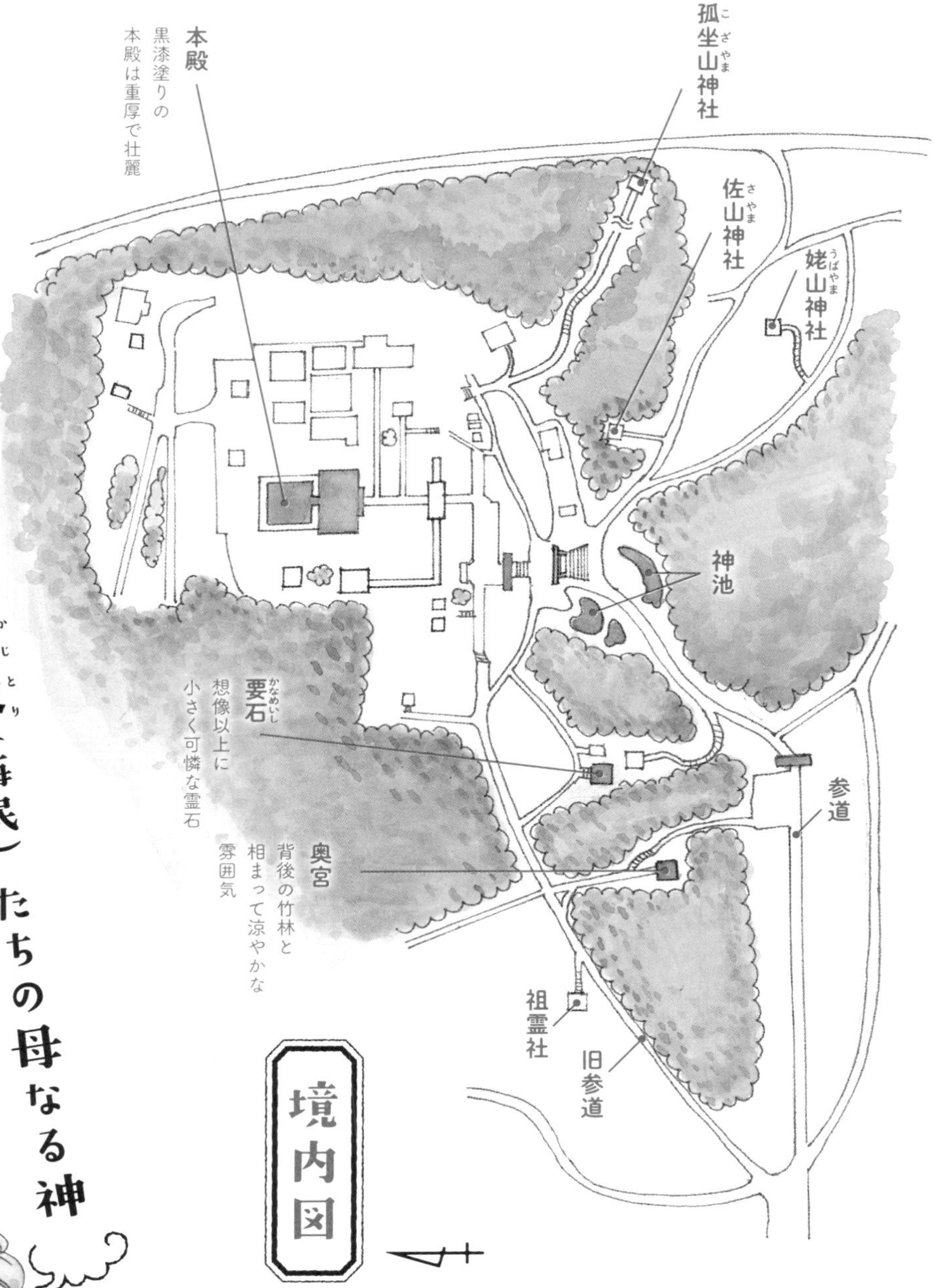

いうのも、この地域からは、実にたくさんの縄文遺跡が発見されているのです。

香取神宮も鎮座している下総台地には、縄文遺跡が集中しています。縄文時代には鹿島と香取の間にある地域のほとんどが海の中で、下総台地はダイレクトに海に接する半島でした。現在は、霞ケ浦《かすみがうら》と北浦《きたうら》、利根川《とねがわ》が形成する水郷地帯ですが、縄文時代にはこれらが外海ともつながり、大きな内海（古鬼怒湾《こきぬわん》）を形成していたのです。

鹿島神宮[33]は香取神宮と対《つい》で語られることが多いのですが、それは歴史時代以降の関係性によるものが大きく、縄文時代にはかなり距離を感じます。地図を見ると、三浦半島と房総半島の間よりも離れています。交流はあったと思いますが、縄文神社として考える時には、別の成り立ち方をしていると考えたほうがよさそうです。

古鬼怒川湾と湧水を伴う台地

香取神宮が鎮座する場所は、亀甲山《かめがせやま》と呼ばれる丘陵地で、最も海進が進んだ時には周辺が海でした。その後、海退《かいたい》や土砂の堆積により内海の面積は狭まったものの、長らく「香取海《かとりのうみ》」と呼ばれる内海でしたが、江戸時代の利根川東遷事業[34]以降淡水化し、干拓されて、今のような陸地になったそうです。そう考えると、長い歴史の中で、このあたりが陸地になったのはごく短い期間と言えるのかもしれませんね。

亀甲山の麓《ふもと》や神域付近には八から一二の「御神井《ごしんせい》」（湧水）があったそうで、崖下の

33：茨城県鹿嶋市に鎮座する。主祭神は武甕槌大神《たけみかづちのおおかみ》。

34：かつて利根川は江戸湾（東京湾）に注いでいたが、江戸幕府の河川改修事業により、銚子から太平洋に注ぐよう流路が変更されている。

湧水に恵まれた台地であることがわかります。絵に描いたような縄文ロケーション。香取神宮の境内からは、縄文遺跡[35]が発見されています。

しかし平成二〇年に行われた調査で、境内全域が数度にわたって整地されていたことがわかりました。もともとは起伏に富む地形だったのを、削ったり土を盛ったりして平坦にしたそうで、そうなると遺物の入っている層が混ざってしまったり、別の場所から運ばれた土が重なっていたりと、シャッフルされているわけですね。そんな状態では、縄文の頃の様子を明らかにするのは難しいだろうと思います。

残念ではありますが、そのような結果になったのも、この地で深い信仰の場が営《いとな》まれ続けたからです。整地に使われた土には、土器などの遺物がたくさん入っていたそうです。その様子を想像すると、縄文土器が土の中に混ざりこんで、境内を支えているようなイメージが湧いてきました。縄文だけではありませんね。各時代の営みの結果が次世代の礎《いしずえ》となり、今の香取神宮を形作っているのです。

亀甲山は聖地の集合体

広大な境内は、豊かな緑に覆われています。亀が伏せたような形だったため、亀甲山と呼ばれるようになったそうですが、なるほど、確かに亀が休んでいるような形をしています。この「亀」は、海亀を連想してしまいます。陸亀とはちょっと違う、ゆ

35：香取神宮遺跡。明治には、亀甲山の斜面部から貝塚が確認された。明治末の発掘では、中期から後期の土器や土偶などが出土したと記録されている。平成20年から4年間にわたって行われた調査では、縄文中期の小竪穴と掘立柱建物跡が確認された。

るやかな流線型のフォルムです。樹種豊かな境内には、濃厚でしっとりした空気が流れています。亀甲山全体から濃厚な生気が立ち上がっているよう。穏やかですがエネルギーの溢れる場所です。

縄文神社を感じるポイントもたくさんあるのですが、やはり奥宮《おくのみや》[36]と要石《かなめいし》[37]が気になります。

香取神宮の境内配置はちょっと不思議。というのも、奥宮と要石が最も手前に位置しているのです。奥宮というと本殿より奥にあるものではないかと思いますし、要石もお社の根源に関わるものですから、こんなに手前にあるなんて、意外としか言いようがありません。

長い歴史の中で、建物や表参道の位置が変わるということはありえます。しかし、江戸時代の絵図などを見ても、大きな変更はなさそうです[38]。すると本殿とは別に、この場所が意味として「奥」、つまり香取神宮の根源に関わる場所であることを表現するために「奥宮」と呼ばれてきたのかもしれません。

要石と奥宮が近くのエリアにあることも象徴的です。でも同時に不思議なのは、奥宮の御神体が要石というわけでもなく、それぞれ違う神域を形成していることです。奥宮のある場所は、静かで何とも言えず気持ちのいい場所なのですが、本殿のある場所とはちょっと雰囲気が違う気がします。よくよく見てみると、奥宮は「境外摂社《けいがいせっしゃ》」

36：境外摂社。祭神は経津主大神《ふつぬしのおおかみ》の荒御魂《あらみたま》。

37：向かいに境外摂社の押手神社《おしてじんじゃ》（祭神：宇迦之御魂神《うかのみたまのかみ》）がある。

38：明治以前には神仏習合《しんぶつしゅうごう》で神宮寺（金剛宝寺）があり、境内の中に山門や本堂、鐘楼、三重塔などがあったが、基本的な配置はほとんど変わらない。現在の祖霊社が神宮寺跡で、旧参道が表参道だったという。

奥宮

になっているのです。なるほど、雰囲気が違うのも頷《うなず》けます。

境内図をもう一度見てみると、香取神宮の社叢《しゃそう》には、境外末社《まっしゃ》が点在していることに気付きました。

御神井の一つである「御手洗井」[39]のそばには狐坐山《こざやま》神社[40]、少し南に行ったところに姥山《うばやま》神社[41]があり、いずれも、少し突き出た（標高が高い）ところにあるのです。縄文の地形を想像してみると目前に海が広がっています。これらの境外社が鎮座する場所は、岬に見え、香取神宮を擁《よう》する亀甲山は、小さな岬にそれぞれ神が鎮座する聖地の集合体のようです。まるで本殿（星）を取り囲んで点在している衛星のように思えてきました。

要石の意外な可愛らしさ

要石は、地震を鎮《しず》めると考えられている霊石です。香取神宮と鹿島神宮にそれぞれ要石があり、地底に棲みついた大鯰《おおなまず》のせいで、大地がフワフワ浮いてしまうのをつなぎとめる役割をし

39：亀甲山周辺の湧水は神井とされ「十井《とおのい》」と称し、御手洗井はその代表的存在。

40：祭神は命婦神《みょうぶのかみ》。狐にまつわる女神（？）。

41：姥山は優婆《うば》山神社とも書くので、優婆塞《うばそく》・優婆夷《うばい》が連想される。優婆塞は仏教の在家男性信者、優婆夷は女性の在家信者を指し、修験道《しゅげんどう》と関わりが深い言葉。

ていると伝承されてきました。

鹿島神宮の要石は、主祭神の武甕槌大神《たけみかづちのおおかみ》が降り立ったとされる磐座で、最初に祭祀が行われた場所と考えられているので、香取神宮の要石も同じかもしれません。両方とも地表に出ているのはごく一部で、地底に深く根を張っているとされます。それほど大きな石ではないとわかっていましたが、実際に見た時、私は驚きました。拍子抜けするほど、つるんとした小ぶりの丸石です。

私は思わず、「すあま……?」と呟《つぶや》きました。「すあま」は関東ではポピュラーな和菓子です。甘いお餅でツルホワなテクスチャーが愛らしいお菓子ですが、その可愛らしい和菓子が持つ風情《ふぜい》と、要石が似ていると思ってしまったのです。大鯰の尻尾《しっぽ》を押さえているというので、ごつごつした強そうな岩を想像していました。この可愛らしさは意外です。

江戸時代に、水戸《みと》光圀《みつくに》公[42]が石の根元を掘らせたそうですが、光圀公の気持ち、わかります。本当にこの石が?と不思議に思ったんでしょう。ところが結局、根元を見ることはできなかったと伝わっています。本当に、杭《くい》のように長く細い石柱なのかもしれませんね。いずれにしても、磨いたかのようなつるつるの表面を見ていると、古墳時代以前の古い磐座信仰に属する石だろうと思います。

42：第2代水戸藩主徳川光圀。『大日本史』の編纂《へんさん》事業で有名だが、考古学的な文化財の調査と保護にも積極的に取り組んだ。

ツルンと美しい要石。香取神宮の要石は凸型、
鹿島神宮は凹型とされ、対として語られる

母のように強く優しい女神

要石がどれくらい古いものかは定かではありませんが、しかしこの愛らしさは、香取神宮が継承し、奉斎《ほうさい》し続けているこの聖地の本質を感じさせてくれました。

香取神宮の主祭神は経津主大神《ふつぬしのおおかみ》[43]です。広く知られている経津主大神のイメージは、国譲りに功績のある武神で男性の神ですが、同時に伝えられたもう一つの名前・伊波比主大神《いわいぬしのおおかみ》には、女神とする説があるのです。

長い歴史の中で様々な要素が関わり合って、複雑になっているように思いますが、香取の神とは、やはり女神だったのではないかと思います。

例えば、「鹿島神宮が夫で、香取神宮が妻」と考えられていたと伝わりますし、また「いわいぬし」は「斎主《いわいぬし》」で、元の意味は、鹿島神に仕《つか》える巫女神とする説があります。このように香取の神には、女神のイメージがついてまわるのです。

私はふと要石の愛らしさを思いました。地中に深く刺さり、地を鎮めているというあの石は、目に見える部分は小さく、すあまのように優しげです。誰にもできないような大きなことをしているのに、それを微塵《みじん》も感じさせない奥ゆかしさ。この石に降りる神は、雄々《おお》しい神よりも、母のように強く優しい女神がふさわしい気がします。

その女神とは、縄文神社にたびたび登場している豊玉姫や玉依姫、市杵嶋姫のような

43：「フツ」はものを断ち切る擬態語で、フツヌシはすっぱり断ち切る神という意味。刀剣の神とも考えられている。

海や水の女神、生命の女神です。

香取神宮の〝香取〟は、楫取（船頭）が語源とも考えられており、香取神宮は、香取海に生きる海民たちにとって特別な信仰の地でした。彼らの神の根源は、海の女神だったのでしょう。太古からずっと変わらずこの地を守護してきた香取の神は、古鬼怒湾や香取海がなくなった今も、これからも、地を鎮め、恵みをもたらす神であり続けてくれるだろうと思います。

側高神社《そばたかじんじゃ》

香取《かとり》市

香取神宮第一の摂社とされ、境内周辺からは、縄文早期、後期の遺跡が出土しています。縄文時代の古鬼怒湾を想定すると、常陸《ひたち》（茨城）と下総（千葉北東部）が最も接近している地点に位置しているので、海を渡る人々が、側高神社の鎮座する台地を港として重宝したのかもしれません。また、この周辺で最も標高の高い霊山・筑波山《つくばさん》を、海を挟んで遥拝できるロケーションであることも、この地が聖地であった理由になりそうです。

主祭神は「神秘なり」とされているのですが、香取神宮の主祭神の后神《きさき》ではないかという説が伝わっているところをみると、こちらも「女神」とイメージされてきたことがわかります。また側高の神が「潮干珠《しおひるたま》」と「潮満珠《しおみつたま》」[44]を持っていたとする伝承があり、前述の海の女神たち（豊玉姫や玉依姫）が属する海民の神話と共通している点があります。つまり海の女神が、その神秘の正体ではないでしょうか。

44：潮の満ち引きを自由自在にできる宝珠で、海神のとっておきの呪具。

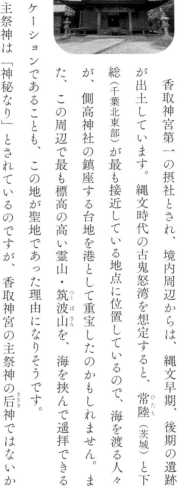

返田神社《かやだじんじゃ》

香取《かとり》市

香取神宮摂社。かや（萱）は草の神を意味するので[45]、かつて周辺は広大な野原だったのかもしれません。

御祭神は火の神と土の神[46]です。野と火と土という属性から、野焼きや焼畑のような原始的農法を連想してしまいます[47]。

境内からは見つかっていませんが、周辺に縄文中期の禰宜《ねぎ》録《ろく》貝塚、返田貝塚が点在し、後期の返田下《しも》馬《うま》谷《たに》遺跡なども発見されています。

大戸神社《おおとじんじゃ》

香取《かとり》市

香取神宮摂社。現在の御祭神は天《あまの》手《た》力《ちから》男《おの》命《みこと》[48]ですが、香取神宮主祭神の両親（祖）だとする説があります。真東に香取神宮、夏至の日の出の方向には鹿島神宮が位置するため、むしろこの地が、香取・鹿嶋よりも古い時代から聖地で、根源だったのではないかとする説もあり、本社御祭神が香取神宮御祭神の父母神とする説に、何か符合《ふごう》する気がします。境内周辺で縄文早期と後期の遺跡が確認されています。

45：野椎神《のづちのかみ》（野霊《ののち》）。

46：軻遇突智神《かぐつちのかみ》と埴《はに》山姫神《やまひめのかみ》。軻遇突智命は伊弉諾命《いざなぎのみこと》と伊弉冉命《いざなみのみこと》の御子で火の神。埴山姫神の埴は土の意味。軻遇突智が埴山姫を娶《めと》って稚産霊《わくむすび》（豊穣神）が生まれたという。

47：縄文時代の農耕については諸説あるが、クリなどの管理栽培が行われていたことはほぼ一致するところ。最近では原始的農法である焼畑が行われていたとする説もある。

48：天照大神が天の岩戸に隠れた時、岩戸を開いて連れ出した神。

おわりに

『縄文神社～首都圏篇～』、いかがでしたでしょうか。あまりに多くなりそうな予感があったので、あえて一都三県に絞ってご紹介してきましたが、それでも、ご紹介したい神社がまだまだたくさんあります。

これまで、縄文神社的視点をセットして参拝した神社は一〇〇社あまり。本書で紹介できなかったものの、印象深いステキな縄文神社とたくさん出会うことができました。

例えば、鹿島《かしま》神宮《じんぐう》です。本書の最後を飾ったのは香取《かとり》神宮ですが、鹿島神宮は対《つい》とされることも多いですし、一緒にご紹介したかったのですが、所在地が茨城県なので、今回は控えました。また〝縄文神社〟というコンセプトを初めて実感した、私にとって「始まりの縄文神社」である鬼石《おにし》神社（群馬県藤岡市）も、群馬県なので、こちらもご紹介を控えました。

そして都内にも、ご紹介したかった縄文神社はたくさんあります。練馬区の石神井《しゃくじい》神社、石神井公園にある三宝寺《さんぼうじ》池《いけ》厳島《いつくしま》神社もとても印象的でした。石神井という地名を見れば一目瞭然《いちもくりょうぜん》ですが、石神にご縁のある地域で、周辺から遺跡が数多く発見されています。そして同様に、杉並区の妙正寺《みょうしょうじ》池《いけ》を水源として、杉並区、中野区、新宿区を流れる妙正寺川流域の葛谷《くずがや》御霊《ごりょう》神社、中井《なかい》御霊神社もあげたいですね。妙正寺川流域は周囲が遺跡だらけなのです。

それから、埼玉県と群馬県の県境近くに鎮座する金鑚《かなさな》神社（埼玉県児玉郡神川町）、神奈川県藤沢市の宇都母知《うつもち》神社も印象的で大好きな場所です。千葉県船橋市の二宮《にのみや》神社もステキでした。……などなど、数え始めたらきりがありません。

残念ながら取材はしたものの私の考えが及ばずに、今回は掲載を断念した神社もありますが、そのすべてが素晴らしい場所でした。いつかまた執筆できたらいいなあ、と願ってやみません。

*

思い返すと二〇二〇年は、体験したことのないことばかり起こる一年でした。もちろん、これまでも変化は起こり続けていましたが、根本的に違ったのは、世界中の人々が、同時に変化を目の当たりにし、体験したということです。こんなことは、人類史上初めてのことだったと思います。

私自身、強く不安を感じていました。しかし、この変化を前向きに受け止めたいと思ったのです。そこで閃《ひらめ》いたのが〝縄文神社〟を本にしてみよう、という考えでした。

二〇二〇年六月から半年あまり、私は縄文神社を訪ね歩きました。そして、視界が解き放たれていくような感覚とともに、「変化することもあるけど、変化しないものもちゃんとあるんだなあ」と感じました。そう実感できて私はとても安心し、元気になれたのです。そして、このアイデアは私だけじゃなく、どなたかのお役に立てるかもしれない……と思い、筆を執《と》りました。

本書を執筆し終えた今、私は感謝の気持ちで胸がいっぱいです。本書は多くの方々のご協力に支えられて誕生しました。まず、取材、掲載させていただいた神社の皆様、そして各自治体の教育委員会、博物館・資料館の皆様、日々発掘し、研究を続けておられるすべての研究者の皆様に感謝申し上げます。

また、本書のコンセプトを思いつきながら足踏みをしていた私の背中を押してくださった山田智子さん。知識不足な私に、的確なアドバイスをくださった本田不二雄さん。心のこもった校正で支えてくださった内藤栄子さん。そして素晴らしいデザインでコンセプトをまとめてくださったデザイナー辻中浩一さん、編集を担当してくださった飛鳥新社の杉山茂勲さんに、改めて御礼申し上げます。

私は現在も縄文神社の巡礼を続行中です。これからはさらに範囲を広げ、茨城県、栃木県、群馬県、長野県、山梨県、静岡県、さらには東北や関西、九州……と訪ね歩いてみたいと思っています。その様子については「縄文神社.jp」(https://jomonjinja.jp/)というwebサイトでアップしていこうと考えています。ぜひそちらにも遊びに来てください。

いつかどこかの縄文神社で、皆さんにお目にかかれることを楽しみに。

春の佳《よ》き日に

武藤郁子

掲載神社リスト

埼玉県

武蔵《むさし》一宮《いちのみや》氷川《ひかわ》神社
埼玉県さいたま市大宮区高鼻町1-407
祭神：須佐之男命《すさのおのみこと》、稲田姫命《いなだひめのみこと》、大己貴命《おおなむちのみこと》

氷川女體《ひかわにょたい》神社
埼玉県さいたま市緑区宮本2-17-1
祭神：奇稲田姫命《くしいなだひめのみこと》、大己貴命《おおなむちのみこと》、三穂津姫命《みほつひめのみこと》

中山《なかやま》神社
埼玉県さいたま市見沼区中川143
祭神：大己貴命《おおなむちのみこと》、須佐之男命《すさのおのみこと》、稲田姫命《いなだひめのみこと》

鷲宮《わしのみや》神社
埼玉県久喜市鷲宮1-6-1
祭神：天穂日命《あめのほひのみこと》、武夷鳥命《たけひなとりのみこと》、大己貴命《おおなむちのみこと》

北本高尾《きたもとたかお》氷川《ひかわ》神社
埼玉県北本市高尾7-29
祭神：素盞嗚命《すさのおのみこと》、市杵嶋姫命《いちきしまひめのみこと》、大雷命《おおいかづちのみこと》、菅原道真公《すがわらみちざねこう》、誉田別命《ほむだわけのみこと》、大物主命《おおものぬしのみこと》

三峯《みつみね》神社
埼玉県秩父市三峰298-1
祭神：伊弉諾尊《いざなぎのみこと》、伊弉册尊《いざなみのみこと》

武甲山御嶽《ぶこうざんみたけ》神社
埼玉県秩父郡横瀬町横瀬（武甲山頂）
主祭神：日本武尊《やまとたけるのみこと》

多氣比賣《たけひめ》神社
埼玉県桶川市篠津58
祭神：豊葦建姫命《とよあしたけひめのみこと》

滝馬室《たきまむろ》氷川《ひかわ》神社
埼玉県鴻巣市滝馬室1150-2
祭神：素盞嗚命《すさのおのみこと》

出雲祝《いずもいわい》神社
埼玉県入間市宮寺1
祭神：天穂日命《あめのほひのみこと》、天夷鳥命《たけひらとりのみこと》、兄多毛比命《えたもひのみこと》

東京都

二宮神社《にのみや》
東京都あきる野市二宮2252
祭神：国常立尊《くにとこたちのみこと》

貴志嶋神社《きしじま》
東京都あきる野市網代83
祭神：市杵嶋姫命《いちきしまひめのみこと》

遅野井市杵嶋神社《おそのいいちきしま》
東京都杉並区善福寺3-18
祭神：市杵嶋姫命《いちきしまひめのみこと》

井草八幡宮《いぐさはちまんぐう》
東京都杉並区善福寺1-33-1
祭神：八幡大神《やはたのおおかみ》

大宮八幡宮《おおみやはちまんぐう》
東京都杉並区大宮2-3-1
祭神：応神《おうじん》天皇、仲哀《ちゅうあい》天皇、神功《じんぐう》皇后

尾崎熊野神社《おさきくまの》
東京都杉並区成田西3-9-5
祭神：五十猛命《いそたけるのみこと》、大屋津比咩命《おおやつひめのみこと》、抓津比咩命《つまつひめのみこと》

七社神社《ななしゃ》
東京都北区西ケ原2-11-1
祭神：伊邪那岐命《いざなぎのみこと》、伊邪那美命《いざなみのみこと》、天児屋根命《あめのこやねのみこと》、伊斯許理度賣命《いしこりどめのみこと》、市寸島比賣命《いちきしまひめのみこと》、仲哀《ちゅうあい》天皇、応神《おうじん》天皇

吾嬬神社《あづま》
墨田区立花1-1-15
主祭神：弟橘姫命《おとたちばなひめのみこと》

大國魂神社《おおくにたま》
東京都府中市宮町3-1
主祭神：大國魂大神《おおくにたまのおおかみ》

貫井神社《ぬくい》
東京都小金井市貫井南町3-8-6
祭神：市杵島姫命《いちきしまひめのみこと》、大己貴命《おおなむちのみこと》

神奈川県

大山阿夫利神社《おおやまあふり》

神奈川県伊勢原市大山３５５
祭神：（本社）大山祇大神《おおやまつみのおおかみ》、（奥社）大雷大神《おおいかずちのおおかみ》、（前社）高龗神《たかおかみのかみ》

比々多神社《ひびた》

神奈川県伊勢原市三ノ宮１４７２
主祭神：豊斟渟尊《とよくむぬのみこと》（豊国主尊《とよくにぬしのみこと》）、天明玉命《あめのあかるたまのみこと》、稚日女尊《わかひるめのみこと》、日本武尊《やまとたけるのみこと》
相殿神：大酒解神《おおさけとけのかみ》（大山祇神《おおやまつみのかみ》）、小酒解神《こさけとけのかみ》（木花咲耶姫《このはなさくやひめ》）

江島神社《えのしま》

神奈川県藤沢市江の島２－３－８
祭神：（奥津宮《おくつみや》）多紀理比賣命《たぎりひめのみこと》、（中津宮《なかつみや》）市寸島比賣命《いちきしまひめのみこと》、
（辺津宮《へつみや》）田寸津比賣命《たぎつひめのみこと》

有鹿《あるか》神社奥宮《おくみや》

神奈川県相模原市南区磯部勝坂１７７６
祭神：有鹿比古命《あるかひこのみこと》、有鹿比女命《あるかひめのみこと》、大日靈貴命《おおひるめのむちのみこと》

安房口《あわぐち》神社

神奈川県横須賀市吉井３－11
祭神：天太玉命《あめのふとだまのみこと》

春日《かすが》神社

神奈川県横須賀市三春町３－33
祭神：天児屋根命《あめのこやねのみこと》ほか10柱

寒川《さむかわ》神社

神奈川県高座郡寒川町宮山３９１６
祭神：寒川比古命《さむかわひこのみこと》、寒川比女命《さむかわひめのみこと》

茅ヶ崎杉山《ちがさきすぎやま》神社

神奈川県横浜市都筑区茅ケ崎中央57
主祭神：五十猛命《いそたけるのみこと》

千葉県

安房《あわ》神社

千葉県館山市大神宮５８９
祭神：（上の宮）天太玉命《あめのふとだまのみこと》、天比理刀咩命《あめのひりとめのみこと》、忌部《いんべ》五部神
（下の宮）天富命《あめのとみのみこと》、天忍日命《あめのおしひのみこと》

布良崎《めらさき》神社

千葉県館山市布良３７９
祭神：天富命《あめのとみのみこと》、素盞嗚命《すさのおのみこと》、金山彦命《かなやまひこのみこと》

駒《こま》ケ《が》崎《さき》神社

千葉県館山市布良１１４７
祭神：天富命《あめのとみのみこと》

船越鉈切《ふなこしなたぎり》神社

千葉県館山市浜田３７６
祭神：豊玉姫命《とよたまひめのみこと》

海南刀切《かいなんなたぎり》神社

千葉県館山市見物７８８
祭神：刀切大神《なたぎりのおおかみ》

豊玉姫《とよたまひめ》神社

千葉県香取市貝塚１１７－１
祭神：豊玉姫命《とよたまひめのみこと》

東大社《とうだいしゃ》

千葉県香取郡東庄町宮本４０６
祭神：玉依姫命《たまよりひめのみこと》、鵜葺草葺不合尊《うがやふきあえずのみこと》

橘樹《たちばな》神社

千葉県茂原市本納７３８
祭神：弟橘媛命《おとたちばなひめのみこと》

飽富《あきとみ》神社

千葉県袖ケ浦市飯富２８６３
祭神：倉稲魂命《うかのみたまのみこと》

香取神宮《かとりじんぐう》

千葉県香取市香取１６９７
主祭神：経津主大神《ふつぬしのおおかみ》

側高《そばたか》神社

千葉県香取市大倉１
祭神：神秘（非公開）

返田《かやだ》神社

千葉県香取市返田７２９
祭神：軻遇突智神《かぐつちのかみ》、埴山姫神《はにやまひめのかみ》

大戸《おおと》神社

千葉県香取市大戸５２１
祭神：天手力男命《あめのたぢからおのみこと》

主な参考文献（順不同）

『日本の神々 神社と聖地11 関東』谷川健一編（白水社）

『日本歴史地名大系』（平凡社）

『国史大辞典』（吉川弘文館）

『武蔵の古社』菱沼勇（有峰書店新社）

『相模の古社』菱沼勇・梅田義彦（学生社）

『房総の古社』菱沼勇・梅田義彦（有峰書店）

『日本の自然神』菱沼勇（有峰書店新社）

『原始の神社をもとめて』岡谷公二（平凡社新書）

『日本の聖地文化』鎌田東二編（創元社）

『縄文の思考』小林達雄（ちくま新書）

『アースダイバー』中沢新一（講談社）

『古層日本語の融合構造』木村紀子（平凡社）

『大滝村誌（上）』秩父市大滝村誌編さん委員会（秩父市）

『秋川市史』秋川市編・発行

『五日市町史』五日市町史編さん委員会編（五日市町）

『新修 杉並区史』東京都杉並区編・発行

『杉並の遺跡（2）』東京都杉並区教育委員会編・発行

『墨田区史 前史』東京都墨田区編（墨田区）

『小金井市誌』小金井市誌編さん委員会（小金井市誌編さん委員会）

『府中市の歴史』府中市教育委員会生涯学習部生涯学習課文化財担当編（府中市教育委員会）

『千葉県の歴史 資料編 考古1・4』千葉県史料研究財団編（千葉県）

『千葉県の歴史 通史編 原始・古代1』千葉県史料研究財団編（千葉県）

『埼玉県史 第1巻』埼玉県史編纂委員会編（埼玉県）

『埼玉の考古学入門』藤野龍宏監修（さきたま出版会）
『掘り進められた神奈川の遺跡』かながわ考古学財団編（有隣堂）
『遺跡が語る東京の歴史』鈴木直人・谷口榮・深澤靖幸編（東京堂出版）
『大宮氷川神社と氷川女體神社』野尻靖（さきたま出版会）
『式内社の歴史地理学的研究』森谷ひろみ（森谷恵）
『縄文人の一生～西ヶ原貝塚に生きた人々～』北区飛鳥山博物館編（東京都北区教育委員会）
『海と貝塚』富士見市立水子貝塚資料館編・発行
『縄文土器と動物装飾』富士見市立水子貝塚資料館編・発行
『大地にねむる入間の遺跡』入間市博物館編・発行
『きたもとの縄文世界』北本市教育委員会編（北本市教育委員会文化財保護課）
『さいたま市遺跡調査会報告書第１６２集　氷川神社遺跡』さいたま市遺跡調査会編・発行
『秩父武甲山総合調査報告書（中）武甲山山頂遺跡発掘調査報告書』武甲山総合調査会編・発行
『勝坂を語ろう！　勝坂遺跡シンポジウム』相模原市教育委員会編・発行
『館山湾の洞窟遺跡』館山市立博物館編・発行
『新修　香取神宮小史』香取神宮社務所編・発行
『香取神宮遺跡２０１８』香取市教育委員会編・発行
『特別展　縄文』東京国立博物館
『国宝　土偶展』東京国立博物館
論文「千葉県館山市安房神社洞窟出土縄紋土器覚書」松嶋沙奈
論文「顔面把手と釣手土器
～伊勢原市三之宮比々多神社所蔵の蛇体装飾付顔面把手を基点として～」中村耕作
『山野貝塚のヒミツを探る　展示解説書』袖ケ浦市郷土博物館編

【著者紹介】

武藤郁子（むとう・いくこ）

1973年埼玉県生まれ。神仏や歴史を偏愛し、縄文人に憧れる少女時代を送る。立教大学社会学部産業関係学科卒業後、出版社に入社し、単行本編集に携わる。独立後、2011年ありをる企画制作所を設立。現在、ベストセラー作家の時代・歴史小説やエッセイなどの編集に携わるかたわら、文化系アウトドアライターを名乗り、本質的な美や「場」に残された古い記憶を探し求める旅を続けている。webサイト「ありをりある.com」と「縄文神社.jp」を運営。共著に『今を生きるための密教』（天夢人刊）がある。

縄文神社 首都圏篇

2021年6月16日　第1刷発行
2022年5月14日　第2刷発行

著者　武藤郁子
発行者　大山邦興
発行所　株式会社飛鳥新社
〒101-0003
東京都千代田区一ツ橋2-4-3　光文恒産ビル
電話（営業）03-3263-7770
（編集）03-3263-7773
http://www.asukashinsha.co.jp

ブックデザイン　辻中浩一（ウフ）
本文デザイン　辻中浩一＋村松亨修（ウフ）
地図制作　村松亨修＋小山内毬絵＋三木麻郁（ウフ）
イラスト　武藤郁子
写真　武藤郁子、PIXTA（P30,31,149）Photolibrary（P32,113,125）
校正　内藤栄子
印刷・製本　中央精版印刷株式会社

ISBN978-4-86410-834-8

編集担当　杉山茂勲